高校校园文化建设管理研究

侯利军◎著

时代文艺出版社

图书在版编目（CIP）数据

高校校园文化建设管理研究 / 侯利军著. -- 长春：时代文艺出版社，2023.11
ISBN 978-7-5387-7274-6

Ⅰ.①高… Ⅱ.①侯… Ⅲ.①高等学校－校园文化－建设－研究－中国 Ⅳ.①G647

中国国家版本馆CIP数据核字(2023)第207923号

高校校园文化建设管理研究
GAOXIAO XIAOYUAN WENHUA JIANSHE GUANLI YANJIU

侯利军　著

出 品 人：吴　刚
责任编辑：焦　瑛
装帧设计：文　树
排版制作：隋淑凤

出版发行：时代文艺出版社
地　　址：长春市福祉大路5788号　龙腾国际大厦A座15层　（130118）
电　　话：0431-81629751（总编办）　　0431-81629758（发行部）
官方微博：weibo.com/tlapress
开　　本：710mm×1000mm　1/16
字　　数：205千字
印　　张：14.25
印　　刷：廊坊市广阳区九洲印刷厂
版　　次：2023年11月第1版
印　　次：2023年11月第1次印刷
定　　价：76.00元

图书如有印装错误　请寄回印厂调换

前　言

当今时代，文化的地位越来越重要，作用越来越突出，影响越来越深远。习近平总书记在党的十九大报告中指出，中国特色社会主义进入新时代，我国社会主要矛盾已经转化为人民日益增长的美好生活需要和不平衡不充分的发展之间的矛盾。文化的繁荣兴盛是人们对美好生活需要的更高层次的追求，要坚定文化自信，推动社会主义文化繁荣兴盛。

在我国，高校校园文化是中国特色社会主义先进文化的重要组成部分，是高校师生员工在长期的教育教学、学术科研、管理服务实践中所传承、积淀、创造、共享的，以反映师生共同信念和追求的大学精神为核心，具有高校校园特色的一切精神财富、物质成果、制度规范及其行为方式的总和。作为高校的精髓和灵魂，校园文化直接影响着大学生思想道德品质的确立，影响着大学生能否健康成长。近年来，许多高校都投入了较多的人力和物力创建自己的校园文化，并取得了不少成就。但是，随着新时代发展要求、师生需要以及社会期待的提高，校园文化建设面临着一些新问题。为此，高校校园文化建设管理依然是一项重要而急迫的工作。

高校校园文化建设管理应在"中国梦"和社会主义核心价值观的引领下，努力建设科学民主、健康向上、丰富多彩、特色鲜明的校园文化，不断为满足广大师生员工日益增长的精神文化需求提供强大的精神动力。本书以高校校园文化建设管理为目标，从多个角度进行研究。

由于时间仓促、水平有限，尽管经过了反复修改，书中也难免存有欠缺或错误之处，敬请专家指导！

目 录

第一章　高校校园文化基本概述
第一节　高校校园文化发展概述 ······ 001
第二节　高校校园文化建设重要作用及意义 ······ 013
第三节　校园文化活动的理论 ······ 035

第二章　高校校园精神文化和物质文化建设
第一节　高校校园精神文化建设 ······ 043
第二节　高校校园物质文化建设 ······ 062

第三章　校园文化的育人理论
第一节　校园文化育人的要素 ······ 083
第一节　校园文化育人的机理 ······ 093
第三节　校园文化育人的现状 ······ 106

第四章　校园文化形态和文化活动
第一节　校园生活文化 ······ 122
第二节　校园艺术文化 ······ 128

第三节　学校小群体文化 …………………………………… 133
　　第四节　校园社团文化 ……………………………………… 142

第五章　高校校园文化的宣传、交流与创新

　　第一节　校园文化的宣传贯彻 ……………………………… 149
　　第二节　校园文化的内外交流 ……………………………… 160
　　第三节　校园文化建设的创新思考 ………………………… 165

第六章　建立和完善高校校园文化建设的保障机制

　　第一节　领导班子是校园文化建设的组织者和设计者 …… 170
　　第二节　政工干部队伍是校园文化建设的骨干力量 ……… 180
　　第三节　教师是校园文化建设的生力军 …………………… 186

第七章　高校校园文化建设管理的实现路径

　　第一节　大学校园文化建设的目标和原则 ………………… 194
　　第二节　大学校园文化建设的机制构建 …………………… 199
　　第三节　大学校园文化的创新发展 ………………………… 207
　　第四节　高校校园文化实现路径 …………………………… 212

参考文献 ……………………………………………………… 217

第一章 高校校园文化基本概述

第一节 高校校园文化发展概述

现代高校泛指对公民进行高等教育的学校，指按照国家规定的设置标准和审批程序批准举办，通过普通、成人高等学校招生全国统一考试，招收普通高中毕业生为主要培养对象，实施高等教育的全日制高校、独立学院和职业技术学院、高等专科学校、广播电视高校、职工高校、业余高校、职工医学院、管理干部学院、教育学院、普通高校的成人（继续）教育学院等。

中国高等教育现代化的历史，其发展模式的转换大致可分为四个时期。甲午战争以前，中国近代高等教育处于酝酿时期。从19世纪60年代开始，出现了一批培养外语人才和军事技术人才的专门学校。它们不同于传统封建教育机构，不是培养作为各级封建官吏的"治才"，而是培养通晓各国语言和技术（特别是军事技术）的所谓"艺才"。最典型的代表即是1862年成立的京师同文馆和1867年创办的福建船政学堂。至1894年前后，我国共创办了30所左右的此类学堂。这些学堂毫无例外地都是在外来因素的诱发下创办的。所谓外来因素的诱发，包含两层意思，第一层意思是，它们是清政府在外力胁迫下应急反应的产物，是为了培养应付西方殖民主义者侵略所急需的人才而开办的；第二层意思是，这些学堂都标榜以西方为榜样，然而，在具体的学习目标上，却并不明确，笼而统之地把西方称之为"泰西"。从前人留下的大量文献分析，所谓"泰西"，包括了英、法、德、美等国。可见，在当时人们的心目中，"西方"是一种泛称，还没有具体而明确的模仿对象。

19世纪末20世纪初，是中国近代高等教育发展的重要时期。1895年、1896年和1897年、1898年分别成立的天津中西学堂、上海南洋公学、浙江求是书院和京师高校堂被认为是中国近代高校的雏形。20世纪初，清政府颁布了第一部包括高等教育在内的具有近代意义的全国性学制——《癸卯学制》。直到辛亥革命前的十多年时间里，中国高等教育的发展，无论是理论层面、制度层面还是实践层面，都弥漫着一种浓厚的"以日为师"的氛围。1898年创办的京师高校堂的第一份章程就是由梁启超"略取日本学规，参以本国情形草定规则八十余条"，即主要是参照日本东京高校的规程制定的。《癸卯学制》中有关高等教育的条文也几乎与日本学制中的相关规定一致。与前一个时期相比，学习的目标由泛化转向集中，"泰西"一词被一个具体的国家——日本所取代，价值取向明确而单一。可以说，中国近代高等教育的起步时期，是以日本为模式的。

1912年的辛亥革命推翻了清王朝，结束了两千多年的封建帝制，为中国近代高等教育的发展提供了一个相对宽松的环境。1912年至1927年的十几年间，可以说是中国高等教育发展模式的多元化时期。民国初年在蔡元培主持下所进行的教育改革形成的新学制《壬子癸丑学制》，对清末颁布的《癸卯学制》中有关高等教育的内容作了相应的改革。其间，教育部还陆续公布了《高校令》《高校规程》《专门学校令》《公立、私立专门学校规程》和《高等师范学校规程》等一系列有关高等教育的法规法令。

第四个时期（1927年至1949年），这一时期，中国高等教育发展模式的主旋律是，在融合美国和欧洲各国特点的过程中，以美国模式为基本走向。从对地方分数制的教育体制的模仿，到大学实行选择制、学分制，以至于大学各专业缺乏明确的课程标准等都是受美国高等教育影响。而高中毕业生实行会考制度；教育部制订并实行有关大学教师任职资格的法令；强调大学毕业考试制度；等等，这些可以说是吸收了欧洲各国高等教育的具体做法。但是，这一时期从总体上讲是以美国模式为基本走向。

高等教育作为人类所创造的知识文化的重要传播形式，作为高级专门人才的培养形式，有其自身发展的内在规律。高等教育的发展，既要受当时处于不同经济发展阶段、不同政治文化背景的各个国家和地区的具体国情所制约，也要受高等教育本身发展规律的制约。从一定意义上可以说，中国高等教育发展模式的转换就是在如何认识和正确处理这一对矛盾的过程中艰难推进的。

高校校园文化是伴随高校教育产生的一种文化现象。在20世纪20年代，"校园文化"这一概念被提出，并在50年代得到快速发展，在80年代的中后期以一种独立的文化形态跻身于社会文化之林。但就从高校校园文化的起源来说，在我国可以追溯到上古时代。校园文化的起源与教育的起源紧密相连。没有学校式的教育，校园文化也就无从谈起。

一、中国古代校园文化萌芽期

翻阅典籍，可以发现，早在原始公社后期，我国就有了学校的萌芽思想，秦汉以后文教政策进一步得到确立，直到清末建立新式学堂开始向近代教育制度过渡，构成了古代学校产生发展的全过程，同时校园文化也伴随产生。"三皇五帝"时代就有了中国的第一所高校，名为"成均"，距今已近五千年的历史。在《礼记·王制》中有："有虞氏养国老于上庠，养庶老于下庠。"其注："上庠，高校，在西郊；下庠，小学，在国中王宫之东。"《礼记·文王世子》曰："以其序，谓之郊人，远之于成均。"朱熹在《高校》

注文中说："高校者，大人之学也。""大人"之意有二：一谓有权势的人，一谓长大成熟的人。虽然在上面的文典中提到了"高校""小学"此类名称，但是我们仍然无法准确地推测出当时是否已经产生实质意义的高校教育规模和体系。西周时期，出现了具有高等教育功能的学校。在西周时期，天子设"国学"，内分五学，辟雍居中，义称"太学"，周为四学，所学专业，各学分明。水南叫"成均"，取五帝之学名，传习乐德、乐语、乐舞等内容；水北叫"上庠"，取虞学之名，传习典书、诏书等内容；水东叫"东胶"，取夏学之名，传习干戈、羽龠等内容；水西叫"西雍"，取殷学之名，也叫"瞽宗"，传习礼仪等内容。很显然，这种专业的教育，能造就各种不同特长的人才，以供管理天下所用。从西周高校的教育管理制度和最终培养目的上，也可以看出它与初级教育的区别。在《礼记·学记》中记载，入太学者，必须是塾、庠、序中逐级升入的"俊选之士"和贵族子弟，入学之后，"中年（隔年）考校，一年视离经辨志，三年视敬业乐群，五年视博习亲师，七年视论学取友，谓之小成。九年知类通达，强立而不反，谓之大成"，其最终目的是培养治理民众的官员。由于采取考试的优选制度和优秀人才可以仕进得官，从很大意义上刺激了高校生的学习积极性。这与现代高校教育制度在许多方面有相似之处。

西汉时期，在经历了秦始皇"焚书坑儒"事件之后，一度沉寂的学校文化重新发展起来。儒学成为中国封建统治的学术正统。汉武帝创立了以传授知识和研究儒学为主要内容的最高学府——太学，曾在东汉末年政治斗争中发挥了积极的作用。到隋唐时期，社会发展达到一定高度，国家统一，经济较为繁荣。当时实行以儒学为主干，佛教和道教为支干的政策。这一政策使得不同形态的文化得到更加充分的交流和前所未有的发展空间。新制度让出身低微的寒门学子也有机会凭自己的努力成为封建官僚一员。开放的国策使得学校文化进一步开放化。明清时期，政治、经济、文化均有较大发展。此时官学课程和教学内容是以朱熹注四书五经为教材，科举考试以"八股文"为专门文体。学校成了科举的附属品,氛围开始沉闷衰落。

二、近代高校校园文化建设特点

近代中国社会逐步从半殖民地半封建社会脱离。尤其是中日甲午战争之后,康有为、梁启超等先进资产阶级代表人物纷纷提倡并兴办学校,这些改良派为中国的广大师生提供了新的思想交流场所,将社会新思潮推向了前沿阵地。在戊戌变法失败后,广大师生在校园内组织了反帝反封建运动,他们一次又一次走上街头,迫使政府废除了落后的科举制度,建立了新学制,进而推进了整个社会的又一次大前进。

以孙中山为代表的具有新思想的知识分子看到了专制统治者勾结帝国主义列强严重地阻碍着中国社会的进步,尖锐批评"昏昏沉沉而不醒"的"奴隶根性"的精神状态。孙中山认识到了"国之兴废存亡若与之莫不相属",就必然落后挨打,他高举三民主义旗帜,与列强誓死抗争。

辛亥革命前后的历史洪流中,孙中山、戊戌六君子、黄花岗七十二烈士……有多少英雄竞相献身。在他们身上广大师生看到了"舍生取义"的英雄主义精神,他们永远值得人们纪念、崇敬和学习。中国传统文化有"轻生尚气"的侠士之风,而在近代,内忧外患接踵而至,社会发生巨大变迁之际,那种侠士之风终于升华为一种献身祖国的时代责任感。从戊戌维新到辛亥革命,无数英雄向往正义之实现,决心以生命唤起更多的人觉悟,其精神千古不堕。在校师生更从他们身上感悟到那种英雄气概,继承他们那种为了追求真理、为了救国救民献出自己年轻生命的崇高精神。

在辛亥革命后,近现代的高校文化得到快速发展,新政府不但制定了新的法令条款,还颁布了《普通教育暂行办法》这一改造封建教育的法令。这些新规定以"注重道德教育,以实利主义教育、军国民教育铺之,更以美感教育完成其道德"为宗旨。整体校园文化形成了提倡新道德,反对旧道德，提倡新文学，反对旧文学的资产阶级思想启蒙运动——新文化运动，并在中国各主要大城市高校校园展开。校园文化是在一定历史条件下，学校为谋求生存和发展，达到既定的教育目标而在长期的教与学、工作与生活等多方面实践中逐步形成和发展起来的，并成为广大教师和高校学生所认同的一种群体意识，它既包括高校的学风、校风，学生的思想、意识、观念、习惯及情感，又包括与高校校园和高校学生生活密切相关的各种价值观念、社会心理、审美情趣、思维模式、行为方式等等。此时的高校校园文化作为一种高层次的文化，是培育高校学生的催化剂，对高校的学风、校风建设和高校生的思想具有较强的凝聚和导向功能。

新中国成立后高校校园文化发展经历了曲折的变化。新中国成立后，揭开了中国高校校园文化全新、独立的发展序幕。新中国成立初期和社会主义建设十年时期，高校校园文化呈现崭新气象。各高校清除了国民党反动的政治教育，确立马克思主义政治理论课在学校德育中的地位。高校校园文化不仅成为配合党的中心工作进行宣传教育和思想政治工作的主要途径，而且成为高校工作和师生员工精神文化生活的重要组成部分。各高校组织广大师生积极参加各项社会活动，高校逐步实行教学、生产、科研相结合。在生产劳动的实践中，广大师生不仅增强了专业知识的实践能力，提高了思想觉悟，而且创造了大量鲜活的文艺作品，使高校校园文化呈现出历史上从来不曾有过的新气象。

三、改革开放后高校文化建设历史变迁

改革开放后高校校园文化蓬勃发展。恢复高考后，高校师生逐渐从教条主义和个人崇拜的狂热中解放出来，个人主体意识日益增强，对价值观和爱国主义有了更加理性的理解和解释。1981年北京高校学子喊出了"团结起来、振兴中华"的口号，表达了当代青年赤诚爱国、血性报国的共同

心声，这一呐喊成为高校校园主旋律。高校校园兴起了以"读书热""文学热"和"哲学热"等为代表的"文化热"，形成校园文学的创作热潮。从1997年开始，以"三下乡"社会实践活动为标志，高校生的校园文化活动开始走出校园，服务社会，这些活动扩大了学生的视野，增强了他们服务社会的意识，成为高校校园文化中的光彩一笔。但是，在改革开放和市场经济的浪潮下，有些同学产生了"拜金主义"思想，学习被动，激情消退，有的高校生甚至思想迷茫，在这种不良风气的影响下，部分校园文化的建设出现下滑现象。

高校作为社会文化传承的纽带，在改革开放中不可避免地受到社会整体文化发展的影响，从而产生深刻的变迁。因此，高校校园文化的变迁是以社会发展脉络为主要线索和逻辑依据的，且校园文化与改革开放的历史进程是契合的。

基于改革开放的阶段性发展，高校校园文化的核心精神也随改革开放的进程而呈现出阶段性的变迁轨迹。这种变迁表现为从宏观到微观、从理想到现实、从单一到整合、从严格到宽容、从外倾到内倾的发展趋势，并始终沿着正弦曲线的波动变迁。这种变迁不仅直接折射和反映社会变革的发展轨迹，而且将社会变革的全部内涵凝结成文化变迁的主题。

（一）高校校园文化的变迁对改革开放的时代反应

从20世纪70年代末开始，我国进入了以改革开放为鲜明特征的社会发展阶段。在从传统社会向现代社会转型的过程中，社会变革以前所未有的广泛性和深刻性震撼着社会政治、经济和文化观念领域，表现为深度的系统变革。追逐着社会改革的历史进程，高校校园文化将改革开放的主题内容和历史进步的时代烙印深深地熔铸在变迁发展之中。

首先，在社会结构日益复杂的环境中，高校校园文化由单一型向兼容型变迁。在改革开放的过程中，基于社会利益结构和社会阶层日趋多样的基本特征，高校校园文化的构成也呈现出丰富而多样的变迁趋势，主要表现为校园文化的结构趋向于开放式、内容趋向于多元化、功能趋向于综合化。由于高校与社会环境时刻进行着物质、信息交换，社会政治、文化、经济的每一微小变革很快就会在校园内引起相应的变动，导致校园文化体系日新月异。因此，高校校园文化总是以最为快捷的方式感知和触摸社会进步的脉搏，并不断引领社会前沿的观念、汇集社会时尚的热点而成为社会文化不可或缺的重要组成部分。改革开放以来，随着社会开放程度的加深，高校校园的开放性也不断得到加强。随着社会文化的多样化发展，高校校园以开放的姿态将各类文化包容并蓄，使高校校园文化系统成为一个复杂的构成体，其中既有流行文化、大众文化、感性文化，也有高雅文化、精英文化、理性文化；既有各类外域文化、外国文化，也有本土文化、本族文化；既有庸俗文化，也有高雅文化等。

其次，在日益开放的社会背景下，高校校园文化由封闭型向开放型变迁。改革开放以来，随着社会经济和政治改革的深入拓展，社会文化领域的百家争鸣和经济领域的自由竞争不断推动文化观念的嬗变。伴随社会文化的开放性发展，高校校园生活也日益打破自成一体的封闭模式。市场经济机制使高墙封围的校园文化不可能继续维系，纷繁复杂的社会现象通过各种渠道体现在校园文化的诸多元素中。与其他亚文化相比，高校校园文化具有思想敏锐、观念开放，接受新事物快、批判意识强、最少保守的特色，并对社会的风云变幻十分敏感。在开放的环境中，各类文化观念纷纷涌入高校，影映着社会经济发展和政治改革的合理内核，并在各类知识和文化策源地（高校）衍生出富含时代特色的文化价值观念。伴随改革开放的进程，循着社会经济、政治和文化发展的轨迹，高校校园在开放的社会环境中汲取着改革的价值精神和时代养分，日益呈现出开放、透明和民主的文化气息，校园内日益凸显对个性发展、平等意识和权利观念的尊重。开放的校园文化在核心精神的追求上逐渐体现出普遍主义，尊重社会事实的真实性，注重社会规则的公平性并热心和关注公益事业，具有更自觉的环保意识。在开放的校园中，校园文化表现出对社会各类生活方式和价值观念的包容和认同，使校园呈现出与社会潮流高度一致的休闲态度和广泛的兴趣爱好，如街舞表演、网络歌曲、VCR短片等，成为大学生的新宠，在大学生中传播较快。开放的校园内，师生们愈来愈喜欢直率的情感表露，不愿扭曲个性、厌恶形式主义等。

伴随改革开放的伟大进程，高校在与社会进行观念对接和信息交换中，不仅首当其冲地感知到改革开放带来的急剧变化，而且以校园热点变迁的方式来展示深刻而伟大的社会变革。纵观改革开放的历程，我国高校校园文化的核心价值观念历经了三个发展阶段，并孕育和形成了与改革开放相适应的核心价值追求，见证了大学生价值取向不断变迁的历史轨迹。

20世纪80年代初，伴随改革开放而来的是高校校园对世界、社会和人生进行自发的思考。传统文化中的"无我"价值取向在现实面前显得十分的尴尬，高校校园开始了对世界、人生和社会的历史反思。基于改革开放对高校校园的深刻震撼，传统义利观、生命观的困惑与现实的校园文化激烈对撞，高校校园开始了对"自我"存在的现实拷问。高校校园借助西方文化思潮对人的本性探讨已经深入到了对经典性的人生价值范例的深度质疑。同时对传统文化所提倡的极端的固有价值内涵提出了异议，并对传统价值标准进行了重新审视。相对传统文化价值观念中绝对利他的价值诉求，自我价值的萌发无疑是巨大的历史进步。但是，在改革开放的时代背景下，由于高校校园在价值求解中难以排解偏激的情绪困扰，盲目仰望西方思潮华丽的外衣，忘记了脚下踏着的是古老的中国土地，在价值追寻中脱离现实和实际，因而暂时迷失了方向，高校校园价值取向的天平在否定"无我"的传统观念中，不可避免地向着"利己主义""自我中心"方向倾斜。

20世纪90年代初，市场经济体制的渗透式影响突破高校的藩篱，以迅猛的势头冲击着计划经济体制下的高校校园，"市场热"在高校校园不断升温。在精神文化层面，高校校园以崭新的姿态全面融入市场经济体制之中，按照市场经济规律进行新的价值观念重塑。"市场"热潮迅即蔓延到了高校校园的各个方面，影响到校园的饮食起居，引导着高校校园的思想情感和心理倾向，制约着高校校园的生活方式、行为选择和核心精神，进而从外而内地深刻影响高校校园文化的各个层面。在"市场"强力的渗透式影响下，高校校园文化的价值取向开始趋于实用性和功利性，对纯理论探索和学理式生活的仰慕和关怀呈现出有所淡化的倾向，对未来的向往呈现出多元复杂的价值取向。

自20世纪90年代后期开始，伴随改革开放的深入发展，社会的开放性和全面发展趋势，为高校校园文化提供了更为丰富多样的发展环境。尤其是加入WTO以来，面对滚滚而来的全球化浪潮，高校校园渐渐认识到应该全面地看待世界，全面地认识"自我"，努力从多种角度塑造自己，以便全面实现"自我"。在市场竞争背景下，高校校园自身核心竞争力的高低，大学生综合素质的优劣，成为人们关注的热点，"综合素质热潮"由此悄然兴起。

（二）改革开放促发了高校校园文化的变革

一场从社会主义初级阶段国情出发，自觉启动的改革过程，带动经济、政治、文化等方面的相应变化，不仅引发了深刻的社会变迁，而且引起了高校校园文化的剧烈振荡，导致各类思想文化价值观念在冲突与磨合中进入了深刻的流变历程。

经济体制改革是高校校园文化变迁的原动力。依据历史唯物主义原理，经济的前提和条件是决定性的，每个时代的经济发展状况对当时包括文化在内的一切社会现象都具有决定意义。因为，一切的社会意识形态都要依赖并受制于社会生产方式，生产方式决定社会生活的各个方面，生产方式对校园文化变迁的决定作用正是通过影响社会生活的各个方面实现的。追根溯源，文化的变迁是以经济的变化发展为核心的。基于经济基础决定上层建筑的内在规律，社会变革和发展不仅加速社会历史进程，而且强烈地影响和改变着人们的思想行为、社会关系和社会意识，并引起社会文化价值观念的深刻变迁。

市场经济既是一种经济形式，也是一种文化表现。文化作为一定经济条件下包括人的价值理念、生活方式和行为方式的设计，并不只是经济表面的装饰物，而且是内在于经济的人文力量。所以，市场经济的建立与完善，一方面，要求实现文化的转型；另一方面，也要求建立起与新的经济形式相适应的文化背景，作为新的经济发展的根源动力。20世纪80年代以来，在经济体制改革的道路上，面对生产方式日新月异的态势，市场经济在观念层面带来了诸如竞争意识、风险意识、公正意识、效益意识、创新意识等的进步，以平等、独立、自由、竞争为核心的新型价值观在主流文化中确立。

对外开放是高校校园文化变迁的催化剂。40多年的对外开放就是中国打开国门审视世界，不断融入全球一体化的历程。在对外开放中，有两种全球化力量深刻影响着文化的变迁：一是文化的全球化进程，二是经济的全球化进程。

文化全球化进程直接促进高校校园文化快速变迁。从文化全球化来讲，改革开放的历史，就是40多年中国传统文化和世界文化不断交流融合的历史。可以说，文化的这一全球化进程将人类的文化视野进一步拓宽了，人类的文化活动在全球化的视角下得以重新构建；全球化使人类的文化传播和交流更方便快捷，当代文化开始逐步呈现多样性。在对外开放过程中，国内与国外的交流日益频繁，外来文化与本土文化、现代文化与传统文化在交流和接触中进行着相互的选择和适应。来势汹涌的外来文化借助发达国家领先的科学技术和强大的国家实力，建立起了世界范围的文化霸权，对中国本土的民族文化所建构的意义世界进行了激烈的否定和亵渎，在其喧嚣的文化浸润中日渐肢解传统的价值体系，对中国高校校园文化形成了强劲的冲击。从20世纪80年代初的西方思潮热浪的兴起，到今天对时尚潮流的狂热追捧，在高校校园里从日常学习、生活、消费等各个方面，外来文化都展示出其强劲的渗透性和张力。

经济全球化进程强力推动高校校园文化加速变迁。经济作为一种文明，决不仅仅只有物质的价值，它也包含着深刻的精神方面的含义，能够对文化的变迁产生重要的影响。源于全球范围内的经济发展带来的校园文化变迁通常有两种：一是潜移默化地渗透，二是显而易见的突变。

经济全球化引发的渗透式文化变迁，主要源于西方富于渗透性的现代工业和现代科技的影响，对现代高校校园文化产生了强烈的冲击，充盈着对经济利益无限膜拜和盲动的情绪，也日益震撼着中国高校校园内"君子言义、小人言利"的价值围城。高校校园文化两种形态的变迁，校园内传统文化中内圣外王、人与自然和谐共处的思想逐渐萎缩，迅速前进的工业巨轮轻易就把宁静的心灵图景碾得粉碎；伴随经济意识的空前膨胀，精神追求也开始全面萎缩；工具思想全方位渗透校园文化，人们的内心修养、价值追求追寻着经济利益的足迹，淡漠了精神渴求。

经济全球化带来文化突变式的更替，主要源于货币资本在全球范围空前频繁的往来，市场的开拓与扩张有力地突破了国家、民族、文化风俗以及意识形态划出的传统疆域。从跨国公司、卫星电视、互联网络到麦当劳、奔驰汽车、卡通片，这些异国他乡的文化正在穿越空间距离和森严的国境线，愈来愈密集地植入本土。高校校园是文化发展的前沿阵地，大学生始终是社会的先锋，他们思想活跃，敢闯敢为，乐于接受新事物。站在传统与现代，本土与外来的边缘，大学校园里回避不了这样的问题：是崇古还是尚今？是慎终追远还是面向未来？是维护传统观念体系还是变革创新？因此，随着国际货币倾销而来的外域文化在高校校园引发深刻的思考、艰难的筛选与有效的整合，从而导致校园文化在选择中突变，在更替中和合发展。

新时期，各种形式的高校校园文化相继展开，校园文化作为一种人文思潮蔓延整个国家，各种形式的学习活动、艺体活动、学术论坛等丰富多彩，推动了全国高校校园文化的蓬勃开展。改革开放多年来，高等教育适应形势的发展进行了全面深化改革，校园文化内涵也随之发生了巨大变化。面对我国社会发展对人才素质新的需求，增强校园文化对人才培养的重要性的认识已经十分必要。要对新时代高校校园文化的发展趋势进行评估预测，这对于正确地引导校园文化的发展，弘扬主流文化都具有十分重要的意义。

第二节　高校校园文化建设重要作用及意义

霍姆林斯基曾说："一所好的学校墙壁也会说话。"学校的校容校貌，表现出一个学校整体精神的价值取向，是具有强大引导功能的教育资源。校园文化作为一种环境教育力量，对学生的健康成长有着巨大的影响。校园文化建设的终极目标就在于创建一种氛围，以陶冶学生的情操，构筑健康的人格，全面提高学生素质。因此，加强校园文化建设，要发挥学校师生在校园文化建设中的主体作用，构筑全员共建的校园文化体系。要树立校园文化全员共建意识，上至学校领导，下至每个师生员工都要重视、参与校园文化建设。校园文化在高校实现培养目标过程中的重要作用决定着它不是单靠学校内部某一部门努力就能收到应有效果，它与学校各方面工作都有关系。校园文化对于贯彻执行党的教育方针，提高办学质量和人才培养质量具有重要的作用。正确认识校园文化的功能及价值是加强校园文化建设的一个十分重要的问题。

一、思想政治教育在高校校园文化建设中建立发展

校园文化作为社会文化的亚文化，在培养社会需要的合格人才，推动社会进步中发挥着重要的作用。结合每一所高校的历史、传统、风格、特

色和水准，认真总结、精心培育、积极宣传并身体力行一种高校精神，形成积极、健康、向上的校园文化以激情励志、调整心态、规范行为，将是增强学校的向心力、凝聚力和竞争力，维护高校稳定有序、持续发展的重要的精神动力源。

高校校园文化是思想政治工作的重要载体。校园文化与思想政治工作之间是相互联系、相互交叉、相互依存的。从校园文化的角度看，其核心层次——精神层的内容，包括学校的教育目标、教育思想、校风学风、学术道德，是属于思想政治工作的范畴；其中间层次——制度层的形成和贯彻，也离不开思想政治工作的保证。

校园文化是一所学校综合实力的反映。校园文化建设包括学校物质文化建设、精神文化建设和制度文化建设，这三个方面建设的全面、协调的发展，将为学校树立起完整的文化形象。校园文化是一所学校综合实力的反映，校园文化的核心竞争力主要表现在文化的凝聚力和创造力上，优秀的校园文化能赋予师生独立的人格、独立的精神，激励师生不断反思、不断超越。

（一）校园文化建设是思想政治教育的重要途径

加强和改进大学生思想政治教育是一项极为紧迫的重要任务，要建设出体现社会主义特点、时代特征和学校特色的校园文化，形成优良的校风、教风和学风。

校园文化对学生的塑造是润物细无声的，独特而富含教育意义的校园文化对一个学生的影响长久而深远。进行思想政治教育视角下高校校园文化建设的研究，不仅是建设社会主义先进文化的需要，还是高校校园文化自身长远发展、完善的需要，是高校思想政治教育工作长期顺利开展、提高实效性的需要，更是培养中国特色社会主义事业合格建设者和可靠接班人的需要。市场经济浪潮下，人们思想活动的独立性、选择性、多变性和差异性日益增强，一些大学生不同程度地存在着政治信仰迷茫、理想信念模糊、价值趋向扭曲、诚信意识淡漠、社会责任缺乏、艰苦奋斗精神淡化、团结协作观念较差、心理素质欠佳等问题。解决这些问题的途径不少，但加强高校校园文化建设，切实发挥校园文化的育人功能无疑是其中必不可少而行之有效的途径之一。

因此，探讨校园文化的思想政治教育功能，从思想政治教育角度出发来建设高校校园文化是做好大学生思想政治教育工作的新途径、新方法。只有把思想政治教育根植于校园文化建设之中，利用校园文化创造良好的育人环境，才能更好地培养出一批批优秀的社会主义现代化建设人才。而校园文化建设万变不离其宗，其根本也就是为学校的育人目标服务。因此，从思想政治教育角度探讨高校校园文化建设对高校思想政治教育工作的开展具有深远意义，对于高校校园文化建设思路亦有重大启发。

高校校园文化活动之所以能够蓬勃发展，在于它能够贴近学生身心发展的需要，在潜移默化中促进其成长成才，越来越多地发挥思想政治教育的功能。因此，加强思想政治教育角度下的高校校园文化建设，就要强化校园文化活动的吸引力和育人效果，促进其实效，为大学生的成长提供广阔平台。

第一，通过活动调动学生的求知欲和交往欲望。优秀校园文化活动具有激发功能和互动功能，能够在活动中调动学生的求知欲和交往欲望。比如，社团是根据学生的兴趣、爱好、特长及个性发展的不同要求组织起来的，丰富多彩的社团活动能够充分调动学生的积极性，强化其兴趣爱好，增强其自我提高的内在动力和求知探索的热情。而参与到社团的活动中就需要与人互动、交流，这就提高了他们的交往欲望，参与多次类似活动，他们的人际交往能力就能得到锻炼和提高，其求知欲和交往欲望就会循环增加，最终达到教育效果。因此，校园文化活动的吸引力和教育效果得以强化的第一步是通过各类校园文化活动的开展，使学生的求知欲和交往欲望得以增强。

第二,以活动为手段对学生的实践能力、动手能力进行强化。校园文化活动基本的要求就是要学生动起来,"动"才能强化其实践动手能力,也只有"动"才能检验这一活动的效果,使其实践动手能力得到提高,校园文化活动的育人目标才算得以实现,因此,强化学生的实践动手能力是衡量校园文化活动是否能够强化吸引力和育人效果的第二步。学校要充分发挥校园文化活动的实践功能,以各种类型的实践活动为手段,加深学生对课堂所学知识的认识,促使其应用到实践中,将理论与实践相结合,从而提高其动手能力,从认知到实践,实现育人效果的强化。

第三,使学生在富有吸引力的活动中,调节心情、改善知识结构和提高自身素质。大学生参加校园文化活动的心理动因是复杂多样的,有为了增进交往、多交朋友而参加,有为了打发时间、调剂生活而参加,有为了增长见识、提高能力而参加等等。众多原因中,起主导作用的大致是想通过活动舒缓心情、增进见识、提高自身修养和改善知识结构。因此,校园文化育人效果的第三步就是学校要通过富有吸引力的活动,调节学生心情,完善其知识结构并提高其素质。

最后,以活动为载体,把学校育人理念输入学生心中,化为思想观念。校园文化活动是校园文化中最活跃的动态因素,是极为重要的建设形式和载体,校园精神不仅是在校园文化活动中诞生、升华出来的,还要依靠校园文化活动体现自己并发扬光大。因此,校园文化活动育人效果衡量的最高标准是高校能否将学校育人精神、理念蕴涵在校园文化活动中,以活动为载体,将育人理念深入学生心中并化为学生的思想观念。

从校园文化与思想政治工作的关系可以看出,校园文化建设是思想政治工作与管理工作密切结合的一个最佳形式,是高校思想政治工作的有效途径和重要载体。校园文化使高校人文精神形象化并融入学生的实践活动,因为它的育人功能是不可替代的。校园文化把教书育人、管理育人、服务育人、环境育人四方面有效地统一起来,从而构建起大德育的格局,形成功能互补的全员育人环境。广大青年学生在优秀的校园文化氛围中，自觉不自觉地受其熏陶、影响和激励，并通过选择教育、自我教育的过程，逐步升华和完善自己。校园文化有利于促进高校学生社会化的进程。校园文化既注重高校学生人格的塑造，又为其个性的显现和发展提供了机会空间，使广大高校学生在接触社会、体验人生、增长才干的同时，加快了自身社会化的进程。

校园文化活动对思想政治教育的作用主要表现在它能通过健康愉快、生动活泼、丰富多彩的活动，吸引更多人参加，直接影响人的思想和行为，使人们受到生动形象的教育，引导人们正确地认识客观世界，增长文化知识，启迪人的智慧，提高对社会的认识能力。一首歌曲、一出排练、一部电影、一篇小说，都会对学生产生不可低估的潜移默化的作用。校园文化活动的寓教于乐功能，充分体现了无意识教育和形象教育的特点，弥补了传统思想政治教育的空洞性和生硬性的缺陷，增强了其娱乐性、针对性和实践性，思想政治教育对文化活动的引导主要体现在它的指导思想是否沿着为人民服务、为社会服务的方向发展。另外，社会主义、共产主义的道德观念会激励高校学生去努力提高自己的文化艺术修养，增强对艺术的审美能力和对科学的认知能力。

（二）坚持高校校园文化建设的思想政治导向功能

高校校园文化建设必须重视校园人文精神的培养，要着力塑造大学精神。大学精神是师生员工在校园文化实践活动中特有的心理素质以及展示其人格风貌的群体意识，是校园精神文化的核心，一旦形成，就能对学校成员产生不可抗拒的影响力，并且具有持久的继承性。塑造大学精神，不仅要求构建反映时代精神的大学精神，而且要提出具有自己学校特色的校训、校歌，编纂校史，发挥名人效应，打造名校品牌。加强校风建设，努力培养优良的教风、学风；加强领导干部工作作风建设；建立良好的人际关系。积极开展课程文化建设，形成一批高水平、结构合理的课程和学科专业，加强学生社团建设和管理，开展丰富多彩、行之有效的课外文化活动。

坚持高校校园文化建设的思想政治导向，突出校园文化主旋律。首先，应坚持社会主义文化方向。大学是文化的产物，既是传播先进文化的重要阵地，又是社会先进文化的示范区和辐射源，大学的根本任务是培养德智体美全面发展的社会主义合格建设者和可靠接班人。大学的这种内在特质和特殊使命，决定了作为社会主义精神文明重要组成部分的校园文化，要始终坚持社会主义文化方向，要始终走在先进文化的前列。大学校园文化是否沿着先进文化的前进方向发展，将直接影响高级人才的培养和社会主义现代化建设的进程。在当代中国，发展先进文化，就是发展面向现代化、面向世界、面向未来的民族的大众的社会主义文化，这是大学校园文化建设的根本指导思想。

大学校园文化建设必须坚持马克思主义的主导地位，紧紧围绕解决价值观这一基本问题，使爱国主义、社会主义和集体主义精神成为校园文化建设中的主要精神内涵和价值导向，始终以正面的、积极的、高层次的文化去陶冶学生，帮助学生树立正确的世界观、人生观、价值观，掌握科学的方法论，形成高尚的道德品质。坚持为学生服务、为社会主义服务的方向和百花齐放、百家争鸣的方针，坚持以科学的理论武装人，以正确的舆论引导人，以高尚的精神塑造人，以优秀的作品鼓舞人，把思想道德建设作为中心环节和重要内容，把弘扬和培育民族精神作为极为重要的任务贯彻到校园文化建设的全过程。

其次，校园文化建设要体现时代精神，突出主旋律，强调高品位。在校园文化建设过程中，应把弘扬主旋律和提倡多样化结合起来，全面建设体现中国特色社会主义、体现时代特征和学校特色的校园文化，以先进文化占领校园文化主阵地，通过贴近实际、贴近师生，不断丰富师生们的精神生活，增强思想政治教育的针对性和实效性。要加强教育和管理，大力创造和发展先进文化，支持健康有益文化，努力改造落后文化，坚决抵制各种有害文化和腐朽生活方式对大学生的侵蚀和影响，巩固先进文化在大学校园中的主流地位。有针对性地开展积极向上的校园文化活动，注意寓教于乐，引导学生从校园文化活动的趣味性中，在感官愉悦中自觉感受艺术熏陶并锻炼理性思维，满足师生追求更高层次的需要，努力提高校园文化活动的品位。从实际出发，考虑学校的历史文化底蕴、师生特点及校园现有布局特色等，不盲目攀比，做到不同层次、不同类别的学校在校园文化建设上有所区别。校园文化建设要有系统性、规范性和整体性，要将校园文化建设纳入学校总体发展战略中进行系统的、整体的设计和规划，以达到持续的整体功效。对校园文化建设的评价和检验，要讲求实效，防止浮在表面，一味追求形式和场面。不能脱离社会和时代孤立地、静态地构建校园文化，应立足于先进文化的高度，努力清理和抵制社会文化中的粗俗成分，保证校园文化的健康发展。

加强校园文化建设，在思想认识上首先应明确一个"为谁"的问题。搞校园文化建设，说到底是为了促进广大青年学生全面素质的培养与提高，使他们成长为全面发展的、高素质的人才。因此，在校园文化建设中，应该尊重学生的主体地位，发挥学生的主体作用，以学生成才成长为中心，不断满足学生的精神文化需求，促进学生的全面发展。要主动适应广大学生全面发展的、高素质的人才培养要求，为学生自由、充分、全面的发展创造良好的软、硬条件，实现文化育人、思想育人、环境育人的目的。

坚持学生的主体地位，加强校园文化建设，尤其要尊重学生依据社会需求、自己身心发展的规律，依据自己的愿望、兴趣和爱好，对校园文化的内容、方式、途径、手段等予以自由选择权，促进学生的德行修养自由、全面的发展，充分体现校园文化对人的终极关怀。为此，要根据大学生群体的特点和兴趣，有针对性地开展全方位、立体式的丰富多彩的校园文化活动，给学生创造一个展现自我、发展自我的多维大舞台，为学生成才成长提供多元选择的空间和机会。

教师是校园中对学生影响最大的群体，参与指导校园文化建设应该说是教师的天职，广大教师在校园文化建设中肩负着重要职责和光荣使命。充分发挥教师在校园文化活动中的指导作用，是提高校园文化质量、加强校园文化建设的重要条件。教师在参与校园文化建设中，可以发挥他们的专业知识、理论素养、社会阅历、特长爱好等，教育、影响青年学生，把他们引导到正确的思想轨道上来，引导到弘扬民族优秀文化的轨道上来，引导到积极进取、奋发有为的昂扬精神上来，引导到健康向上的追求上来，引导到深层次的净化精神境界的文化活动中来。同时，教师也可以通过参与校园文化建设，增进对学生的兴趣爱好、特长优势以及心理和思想的了解，更好地做好教书育人工作。

注意突出学校特色是校园文化建设的需要。一是可以调动师生员工参与校园文化建设的积极性，二是有助于实现学校的教育目标，三是促进大学精神的形成。突出特色，需要从以下几方面入手：一是重视学校的优良传统。传统是历史赋予各学校校园文化建设的特色，任何文化的建设都是从尊重历史开始的，校园文化建设应在学校历史的基础上，继承优良传统，审视利弊，展望未来。二是根据学校人才培养目标，确定校园文化建设的方向。各类高校培养人才的具体目标不同，人才的素质结构不一，因而各校的校园文化建设只有在立足于这种特殊要求的基础上，才能有利于学生成才。三是突出特色，既要以现有校园文化状态为基础，又要根据时代发展的需要规划校园文化发展的前景。

大学精神是大学校园文化的灵魂和核心。科学的大学精神既反映了大学教育的本质、办学规律和时代特征，体现了先进的办学理念，又体现师生员工的奋斗目标和价值追求；既是大学的风格和魅力所在，又是大学的活力和生命力所在。大学精神的基本内涵包括自由精神、独立精神、人文精神、科学精神、批判精神和创新精神等相互联系的几个方面。由于历史积淀、地理、文化环境、办学层次的多样性和学科结构的不同，不同大学又会形成独具个性的大学精神，这是衡量一所大学是否形成了富有个性和特色的大学校园文化的主要标准。大学精神在大学发展中"具有价值导向、精神陶冶、规范约束、群体凝聚、社会辐射等一系列极其重要的作用"。大学校园文化建设要围绕培育大学精神，总结和提炼大学在长期办学实践中逐渐积累形成的、体现在师生员工行动中的精神财富，比如校训、校风等，把大学精神渗透到大学物质文化和制度文化建设中去。

校风就是一个学校的风气，是指一个学校广大师生员工在教学、科研、管理等各种活动中所表现出来的一种稳定的、在大学乃至全社会得到普遍认可的行为倾向，由干部的思想作风、教师的教风和学生的学风所构成，是大学精神的具体表现。校风对形成优良的校园文化乃至学校的建设有着十分重要的导向作用，优良的校风能对学生的健康成长起到潜移默化的作用，可以陶冶学生的思想情操，净化学生的心灵，开启学生的智慧，培养学生的集体荣誉感，规范和约束学生的行为和习惯，对学生的人生观、世界观、治学风格以及优良个性的形成具有深刻影响。加强大学校园文化建设，就要加强大学的校风建设，建立科学机制，贯通于大学教学、科研和管理的各环节，在实践中形成求实、奋进、民主、高效的领导作风，严谨治学、热爱学生、言传身教、为人师表的教风，自强不息、勤奋学习、多思善问、敢于创新的学风，促进学校各项工作的全面发展。

（三）思想政治教育与校园文化建设的融合

从高校育人的功能来看，校园文化环境建设与思想政治教育都是高校学生工作的重要组成部分，它们有着密切的关系，它们相互促进、相互影响、相互渗透。

思想政治教育对校园文化建设方向起导向作用。从当前高校思想政治教育的对象来看，受教育的主体是新一代的青年大学生，他们乐于接受新思想、赶超新潮流、富有大胆创造性、思维活跃。高校人才培养的最根本目标就是把学生培养成高素质人才，实现个体的全面发展。因此，高校校园文化的建设，必须与高校人才培养目标一致。这个方向不能偏离，因此就离不开高校思想政治教育的导向作用。面对新的受教育群体，独生子女占大多数，他们表现出这一代人的鲜明特征，比如：坚持主流价值体系，但受实用主义影响比较明显；对传统道德观念认同度高，有较强的道德意识，但对一些不良现象也存在麻木、漠视的态度，受利己主义思想影响明显；他们重视人际关系，对各种时尚元素充满好奇和热情，但往往导致不切实际地盲目接受等。因此，加强高校校园文化建设，全面提高大学生的综合素质，既是符合高校人才培养目标的客观要求，又符合时代对精神文明建设的要求。因而必须以社会主义思想体系为指导，牢牢把握高校思想政治教育这一阵地，才能使校园文化建设积极体现先进文化的前进方向，体现社会思想体系所确定的基本价值原则和取向，为高校校园文化建设奠定扎实的思想基础。

校园文化建设有利于大学生思想政治教育目标的实现。校园文化建设是高校思想政治教育工作的有效途径和重要载体。第一，优秀的校园文化有助于引导大学生树立正确的世界观、人生观和价值观。广大青年学生在优秀的校园文化氛围中，自觉不自觉地受其熏陶、影响和激励，并通过选择教育、自我教育的过程，逐步升华和完善自己，同时也使得思想政治教育的内容和要求容易被青年学生所接受。第二，有利于学生健全人格的塑造。学生在特定的校园文化氛围中活动，受到特定群体意识的熏陶和影响，就会在此过程中形成与群体一致的文化意识和文化品格。奥地利教育学家布贝尔提出"教育者的最重大任务在帮助塑造人的品格"，"名副其实的教育在本质上就是品格教育"，强调的都是校园文化对学生的思想品德和人格塑造功能。健康、高雅、积极向上的校园文化是学生个性和谐自由发展的广阔天地。在参加校园多层次、多形式的文化活动中，学生可以深刻地认识到自己的价值，发挥个性潜能。作为校园文化建设的重要组成部分的学生社团活动，对满足学生交际、结伴、归属的需要以及发展兴趣和特长、开阔知识领域、完善认知结构等方面都具有不可替代的作用。第三，有利于学生心理健康的调适。校园文化以整洁的优美校园环境、丰富多彩的课外文化生活、充满朝气的育人氛围，通过感染、暗示、培育、激励与心理调适等多种功能，改善学生的心态，改变学生的情绪、情感、行为规范与生活方式，进而陶冶学生的情操。

高校思想政治教育对校园文化建设具有一定指引作用，高校的校园文化建设同样对高校大学生的心理和健全的人格具有一定的影响。因而，高校校园文化建设需要把握正确的价值方向，发挥校园文化对高校大学生的认知与导向作用，从而使高校校园文化在建设过程中充分地体现出思想政治教育的积极作用。这就使得我们在开展高校校园文化活动的同时，必须坚定地以习近平新时代中国特色社会主义思想为指导，使广大的青少年学生在丰富的校园文化活动中树立起正确的世界观、人生观、价值观，形成良好的精神环境和文化氛围，达成共识，发挥校园文化的价值导向优势。首先，校园文化对思想政治教育来说，在观念和价值导向上具有重要优势：通过静态和动态的、物化和潜隐的校园文化建设，来促使校园文化主体在观念上肯定思想政治教育的地位，从而奠定真正增强思想教育实效性的观念要求和环境基础。校园文化氛围中有了共同的意识和观念，才能保证活动过程的畅通无阻和普遍的认同感。其次，校园文化作为亚文化，它自身发展需要精神内核，而与时俱进的思想政治内容会成为其不断完善的内在要求，凝聚成校园文化的思想内核。除了优秀的文化传统以外，最重要的内容即是当代社会主流的文化价值体系，如社会主义核心价值体系就为校园文化建设提供了重要的理论支撑。所以说，在校园文化建设中，有效利用思想政治教育的内容来确定校园文化价值导向，对于思想政治教育来说也具有重要作用。总之，无论从对待思想政治教育活动的认同感，还是从思想政治教育内容对校园文化的规定性来看，校园文化在思想政治教育的观念价值和取得实效性上都显示出重要的导向和定位优势。

以先进的校园文化载体内容，提高思想政治教育工作的有效性。各种校园文化活动构成了高校校园文化环境建设的动态载体，也是校园文化建设的重要方面。在开展各种校园文化活动的过程中，需要注意的是必须充分发挥学生的主体性作用，学生不仅是校园文化的主体，也是思想政治教育的主体，校园文化建设要充分尊重学生的主体性地位，不断发挥校园文化与思想政治教育的重要作用，一方面要不断去了解学生的心理、兴趣爱好，以开展学生喜闻乐见的校园文化活动，另一方面，要充分调动学生干部的积极性，在把握原则性方向的前提下，放手让学生干部策划、组织各项校园文化活动，激发他们的创造力，从而有力地促进校园文化活动的开展。先进的校园文化环境会对学生的心灵、情操、世界观、人生观、价值观的养成产生极其深远的影响，高校应该在校园文化环境建设上充分继承和弘扬民族文化精神，在此基础上广泛地吸收和借鉴外来的有用文化，在内容和形式上不断创新。可以在以往开展各种文体活动的基础上，不断创新出建设校园文化环境的新的载体，例如，将网络等载体引入，在积极引导与控制的前提下，充分发挥网络环境对校园文化建设的作用，同时也使网络成为高校推进思想政治教育的重要阵地。此外，可以加强校园的人文环境与自然环境的建设，努力营造良好的学习、生活环境，将高校的校训、校歌、校徽等物化于各种高校的建筑、雕塑、楼宇花草等校园景观之中，有效地引导高校的大学生弘扬高校的优良传统。

校园文化的作用是通过潜移默化地方式实现的。作为隐性的课程，校园文化是高校思想政治理论课教学的延伸和补充，思想政治理论课教学工作的开展离不开各种校园文化的建设。高校应更新观念，为思想政治理论课和校园文化有效结合提供契机，提高高校思想政治教育效果。

二、高校校园文化对社会文化的引领

高校是以传授高等知识、研究高深学问、培养高级人才、开发高新科技为主要内容的教育机构，是知识的集散地、辐射源和创新基地，是人类追求文明进步的精神殿堂。作为保存、传承、传播和创造先进文化的重要场所，高校具有文化传承与创新的历史使命，并在建设有中国特色的社会主义事业中发挥着越来越重要的文化引领作用。主要体现在：一是具有继承传播文化知识的作用，高校凭借高素质人才聚集的优势，理论研究的深度和广度，教育、研究、创新的能力，在文化理论建设、研究和传播中发挥带动作用；二是具有培养高层次人才的作用，高校培养高层次人才的职能，使它担负着培养国家建设、民族复兴所需要的德才兼备的优秀人才，包括文化建设的领军人物的作用；三是具有思想引领的作用，高校是新思想、新理论、新知识的摇篮，是国家发展的人才库、智囊团、思想库，在文化理论研究和文化建设方面，始终引领着社会前进的方向；四是具有文化创新的作用，高校校园文化研究与实践的主动性，使高校成为文化理论研究创新和文化体制机制创新的策源地；五是具有带动社会良好风气的形成的作用，先进的高校人文建设和高尚的价值示范，对社会风气产生积极的影响。

因此，一方面高校要认清自身的职责和使命，加强文化建设，坚持以人为本，重在"化人"，建设开放、多元化的高校校园文化，同时发挥文化桥梁和文化交流中心的作用，并注重创新，以全面提高高校校园文化。另一方面要充分认识高校在文化建设中具有的引领作用，不断增强文化自觉、文化自信、文化自强，引领社会文化发展，促进文化的繁荣和发展，助力建设文化强国的宏伟目标。

随着现代社会的发展，以传播知识为主的高校在社会活动中的作用越来越重要，学校及师生更多地融入社会活动中，以其环境、条件、研究成果等直接参与社会活动,并与社会建立广泛、密切、深入的联系,参与社会不同领域的服务与发展,促进社会的进步。而高校也一直是各种新思想新理论的发源地,是各类思潮和运动的策源地,因为其具有的先进性而对社会产生重要的影响。尤其高校是通过人才培养、科学研究、社会服务和文化传承创新等功能的发挥为文化的发展繁荣做出自己的贡献。因此高校校园文化不仅承担着育人的职责,也承担着引领社会文化的职责,在利用先进文化的辐射和导向作用提升社会文化和所处地方的文化品位方面也具有重要作用。

为了加快文化的发展,高校可以根据当地的需求和自身的特色和优势,采取多种形式做贡献。一是培养文化事业发展所需的人才。高校要贴近区域发展的需要来设置相关专业,通过优化专业结构,拓宽办学渠道,以文化市场为导向,着力培养文化运作与发展所需要的新闻传媒、文化创作、经纪、策划、管理人才,以及文化创意、电子出版、动漫网络等新兴技术人才和销售人才,满足日益发展的文化市场对人才的需求。二是与当地宣传、文化主管部门协调合作,通过委托、定向培养、双向交流等多种方式和途径,派有关人员到高校学习、进修,或通过与高校联合办学、集中短期培训和举办文化产业论坛等方式,培养为社会公众娱乐开展艺术表演或提供文化活动的组织、策划服务,开办文化产业,提供文化产品的生产和销售人才,并承担文化人才的继续教育任务。三是实现高校校园文化与区域文化的共享,通过建立和完善高校与区域的信息交流平台。利用报刊、电视、广播、网络等多种形式,传播高校的形象和信息,开放高校的图书馆、体育馆、博物馆、校史馆等文化设施,以及各类文化讲座、演出等,建立开放式校园,促进文化共享。为公众营造文化享受和熏陶的氛围,发挥高校校园文化的外向辐射作用。

(一)发挥高校校园文化在建设文化型社会中的重要作用

一是建立合作机制和平台。关键是在文化建设方面,能够建立一个统一合作的平台，通过通畅的合作机制，将遵循上级意见与结合当地实际结合起来。通过统筹、组织、策划、协调，制定明确的计划，有目的地布局，实现资源充分整合，建立长效机制。必将在文化建设方面发挥积极作用并取得显著成效。

二是建立合作实践基地。每年各高校都会开展各种实践活动，培养高校生实践与创新能力。应当通过资源的整合，拓展文化素质教育与实践基地的功能，形成爱国主义教育、历史文化教育、科技文化教育三大校外文化素质教育与实践的基地群。一方面地方政府积极支持高校在当地建立实践基地，对于高校的需求予以积极的支持和主动引导，另一方面高校将教学实习、毕业实习、就业、社会实践、传统教育、改革开放教育等校外教育基地进行整合，注重发挥基地的实践育人作用。通过实践基地的建设，将高校校园文化辐射到企业、农村、社区、学校等。

三是开展"三下乡"活动。每年各高校都有成千上万的学生开展"三下乡"活动。分别在医、农、渔、师范等方面具有特色和优势的高校，是目前"三下乡"活动的重点学校。活动尤其针对农村中最需要解决的问题。"三下乡"活动及各种志愿者服务、社会实践等活动，既锻炼了师生，增加了他们对社会的了解，丰富了他们的人生阅历，又展现师生积极向上、朝气蓬勃的精神风貌，而且通过他们的服务，丰富了当地人民群众的文化生活，有利于提高当地文化品位。通过积极鼓励更多的师生参与服务地方社会文化的活动，提升当地文化品位，在文化建设中发挥着一定的作用。

四是深入建设文化社区。高校要充分利用自身在文化方面和拥有大量高素质年轻志愿者的独特优势，主动深入社区，参与、开展群众文化活动，丰富群众文化生活、满足人民群众精神文化需求。这不仅是群众性精神文明创建活动的重要内容，也是高校校园文化向外辐射和提升当地文化品位的职能所在。精神产品和社会文化生活对人们的思想观念、道德情操有潜移默化地影响。通过大力参与村镇文化、社区文化、企业文化、校园文化等群众文化活动，开展普法知识教育、科技知识传播、卫生知识宣传和文艺演出等，倡导科学、文明、健康的生活方式，营造浓厚的社区文化氛围，带动良好社会风气的形成。通过充分发挥高校校园文化的社会教育功能，用先进的思想文化占领城乡文化阵地，引领和谐社会的建设。

五是发挥学生社团的作用。各高校中的各种学生社团，是学生们自发、主动组织的。许多社团活动已经在社会上产生了影响，如某高校爱心协会开展的献血活动，某高校在志愿者协会基础上创新的"义工银行"等。广大青年学子有朝气、热情和参与意识，关键是要通过组织引导，搭建平台，实现与社会有效对接，如学生创业社团得到政府部门的指导，公益社团得到民政、卫生等部门的指导，文艺社团得到文化局及相关文化组织的指导，写作、多媒体社团得到报社、电视台的指导。将各具特色的活动融入社会，不仅会激发学生的热情，提升他们的社会责任感和公民道德，也使文化建设拥有一支源源不断的生力军。

高校是文化的中心。实现社会主义文化大发展大繁荣是我国经济发展在新的历史时期提出的新要求。在这个进程中，要充分发挥高校的引领作用，保持社会文化的又好又快发展，为推动经济的发展，促进精神文明建设，建设和谐社会做出应有的贡献。

（二）充分发挥高校校园文化对社会文化的影响功能

社会文化包括高校校园文化，校园文化是社会文化中重要的组成部分。高校校园文化直接影响高校师生的学习、工作和生活，对于营造人文氛围、提升师生的精神境界、形成优良的教风学风和工作作风、激发创造力、增强凝聚力、弘扬主旋律等，发挥着积极作用。良好的校园文化是一所学校赖以存在的人文精神支撑，是实现高校学生素质教育的文化环境和教育环境，是精神文明建设的基础性、战略性措施，是坚持社会主义办学方向的重要保证，是培养社会主义事业建设者和接班人的基础工程，是高校核心竞争力的重要组成部分，也是高校精神和高校品牌的重要体现。

教育导向作用。健康向上、生动活泼的校园文化能提高师生员工的思想觉悟和认识能力，塑造和培养他们的美好心灵。同时，由于学校师生员工所处的环境、所接受的教育程度千差万别，他们的世界观、人生观和价值观又各有差异，加之全球化、市场经济的冲击，社会上的拜金主义、享乐主义、极端个人主义以及各种腐败丑恶现象，必然会影响着广大师生员工的心理、思想和行为，这些都需要健康向上的高雅的校园文化发挥其所固有的主流意识形态的引导、启迪作用，将师生的事业心和成功欲转化为具体的奋斗目标、人生追求、信条和行为准则，形成广大师生的精神支柱和精神动力，从而使他们树立正确的世界观、人生观、价值观，共同为社会主义现代化事业奋斗。

熏陶和示范辐射作用。校园文化是一所学校区别于其他学校的标志，表现为师生员工对理想人格和自我完善的追求，并无时无刻不浸润在师生员工学习、生活的各个环节和每个过程的始终。良好的学习和生活环境、健康向上的校风，是一种无形而深刻的力量，对人们产生着潜移默化的影响，最终形成共同的价值取向，实现行为举止上的趋同。同时，高校开展送科技文化到农村、到工厂、到军营等活动，发挥了校园文化巨大的示范和辐射作用。

凝聚激励作用。校园文化的凝聚和激励功能主要体现在校园精神文化上。校园精神是学校师生共创和认同的价值观念，是高校校园文化的灵魂，它对高校师生具有无形的不可低估的凝聚力和感召力。良好的校园文化氛围，往往能产生一种激励作用，从而使学校形成精神振奋、朝气蓬勃、开拓进取的良好风气，塑造一种你追我赶的激励环境和机制。总之，优秀的校园文化具有催人奋进的凝聚力和激励作用，能激发全体师生员工对学校的认同感、自豪感和荣誉感，激发他们的工作、学习热情和对崇高理想的执着追求，进而使学校的凝聚力得到拓展和升华。

规范和调适作用。校园文化集聚着学校发展过程中所形成的优良传统及创新精神，创造着生动活泼和健康向上的校园文化氛围。校内师生在校园文化中生活，一方面会受到有形的或无形的、有明文规定的或无明文规定的等各种规章制度及行为规范的要求和制约。这种规范力量有助于师生按照学校的规章制度要求自己，养成良好的道德品质和行为习惯，成为合格的优秀人才。另一方面，这种文化氛围会便师生们促发共同的归属感、荣誉感和自豪感，有利于消除他们心理和情绪上的自我干扰和相互摩擦，减少内耗，协调人际关系，使人心情舒畅，为共同的目标追求努力奋斗。

扬弃和创造作用。高校校园文化需要从社会文化中吸取精华、汲取营养，同时也要舍其糟粕，排斥和抵制社会文化中的消极因素对自身的影响，从而使社会文化中的健康向上、生动活泼的内容被发扬光大。高校校园文化还具有开发创造性的功能。高校校园文化的建设，需要充分发挥人的主观能动性，激发人的创造潜能，变被动地接受知识、传播知识为主动地运用知识、丰富和发展知识，有利于培养师生的创新精神和创新能力。

三、高校校园文化对高素质人才培育的作用

高校对人才的吸引力在很大程度上体现在高校的人文环境上，高校人文环境是整个校园文化的一个重要组成部分。一所高校人文环境的优劣，直接关系到学校对师资凝聚力和吸引力的大小。随着人事管理制度的改革，高校教师的自由度和选择余地越来越大，哪里能提供更适合发展才能的人文环境，他们就会被哪里所吸引。如果在制度文化中能坚持做到管理与服务并重，使管理更加人性化，在一定程度上就能起到以感情留住人才的效果。现在高等教育的人才竞争趋于白热化，引进人才难，留住人才更难，在客观条件相似的情况下，以情留人，为其提供最大限度地服务就显得特别珍贵。让学者对学校产生认同感是最好的合作前提。同样，好的校园文化建设也大大影响着学生的择校选择。一所具有优秀校园环境的高校，在

物质、人文、制度上都将成为吸引更多优秀学子前来学习的前提条件。高校校园文化应当坚持以教育为本、德育为先的方针，把正确的政治思想放在首要位置，培养更多优秀的高素质人才。

高校校园文化在政治导向作用中，可以弘扬爱国主义、社会主义等主旋律。校园文化作为重要的环境因素，对于一名学生能否成长为一个高素质型人才，起着至关重要的引导、熏陶和教化的作用。优秀的高校校园文化可以对高校学生进行思想引导、情感熏陶、意志磨练和塑造。并通过各种活动包括社会实践营造出良好的文化氛围，有利于培养高校学生文明举动，塑造其高尚的思想，树立正确的人生观、价值观和世界观，从而真正起到培育素质人才的作用。

（一）优秀校园是优秀校园文化的承载体

先进、文明、高雅的校园文化是和谐校园的基础和前提。没有和谐的高校校园文化，就不可能形成相同的思想基础和价值观念。高校校园文化建设可以起到对内凝聚力量，对外扩大影响，增强学校综合实力和核心竞争力的作用。只有校园文化建设的出色，学校的综合实力才能得到完善和提高。

校园文化的魅力就在于渗透于学校教育教学的各项活动之中，潜移默化、陶冶性情、育人无声，寓教于活动之中，具有非强制性、不干预性等特点。关于校园文化在高校育人中的作用，学者们有过较多的讨论。有学者从大学校园文化的功能角度，探讨了校园文化在高校人才培养中的重要作用，认为大学校园文化具有教化、引导、凝聚、激励、约束和辐射等功能。良好的、催人向上的校园文化犹如"无声润物三春雨，有心护花二月风"，会使师生逐渐形成一种爱国爱民、追求真理、刻苦学习、积极进取的精神风貌，纯正优雅、宁静淡泊的情操，博大庄严、任重道远的使命感。高品位的校园文化不仅可以促进教学、科研及管理活动科学有序地开展，而且可以使校园中每个人的精神世界得以升华，培养和激发师生员工的群体意识、集体精神和创新能力。还有学者指出，校园文化在高校育人中具有导向作用、激励作用和品质优化作用。校园中互动的文化环境与精神氛围，蕴含着教育目的，深刻地影响着学生的个体发展，有助于培养学生高度的责任感、使命感和集体荣誉感。校园文化能够陶冶学生的情操，提高学生的素养，同时也为磨砺学生的意志品质提供了机会与舞台。高品位的校园文化培养了学生的坚韧性，增强了学生敢于面对磨难和失败的勇气，培养了学生良好的心理素质。

高校校园文化还是扩大学校影响力的重要手段之一。每一所高校的社会影响力都体现在其办学过程中产生的一系列办学理念以及人才培养、学术研究等对社会产生影响的程度。这是高校生命力强弱的标志。一般来说，其社会影响力越大，该校发展的前景就越被人们看好。随着近年来我国高等教育的不断发展壮大，高校竞争中最大的竞争莫过于人才和生源的竞争。那些社会影响力大的高校，往往能在招生中居优势地位，深厚的人文传统、悠久的办学历史、专业学术科研水平、不同专业设置、校园文化活动范围等等都会影响其社会影响力。越来越多的高校意识到，高校校园文化建设的影响力需要是隐性的，但是其作用越来越明显，而高校校园文化建设不是一蹴而就的，优秀的文化建设需要长期不断的努力才能达到。

（二）优秀校园文化是培育高素质人才的"摇篮"

高校是高素质人才成长的摇篮，校园文化作为重要的环境因素，对于一名学生能否成长为一个高素质型人才，起着至关重要的引导、熏陶和教化作用，主要体现在三个方面：

一是提升自信心。当前，各地高校面临生源不足、招生困难和生源素质下降的严峻形势，更可怕的是由此导致部分师生对未来信心不足，缺乏进取精神，学习动力不强。加强校园文化建设，搭建师生自我表现、自我教育和自我服务的平台，能够让师生在参与中清醒认识形势，形成共同价值追求，增强对事业的认同感、对学校的归属感和对未来的自信心，真正起到统一思想、汇聚力量、增强信心的特殊作用。有了凝聚力和自信心，师生就能激发出责任感和紧迫感，迸发出奋发向上的热情和力量。目前不少高校开展了以心理健康教育为主题的活动，通过专业心理教师对大学生进行心理疏导，帮助他们剖析原因，消除心理障碍，增强学生承受挫折、战胜自我的能力，培养学生良好的心理素质，使他们勇敢面对学业及未来就业压力，逐步提升自信心。

二是增强认同感。文化具有多样性和多元性，可以分为主流文化和亚文化。主流文化是积极的、健康的、向上的，符合学校未来发展方向，代表绝大多数师生员工的现实利益和长远利益，如果被广大师生员工所接受，成为师生共享的价值判断，就能产生巨大的精神力量。亚文化是和主流文化对应而生，与事物发展的客观规律相违背，和事业发展要求以及大多数人的利益相背离，强调个体的私利和短期效应，对事业发展和人的潜能激发十分不利。学校是人才的摇篮、育人的基地，育人的过程实质上是用文化影响和塑造人的灵魂的过程。育人的成效取决于学生文化辨别力以及主流文化和亚文化交锋的结果。开展校园文化建设，可以培育和壮大主流文化，扩大其渗透力和影响力，使其成为师生员工共同的价值判断，不断巩固其在师生员工中的主导地位，最终使那些所谓"亚文化"在校园中逐步失去市场。

三是提高教育力。教育的最高境界是潜移默化。文化育人的基本过程也是潜移默化。校园文化作为一种精神力量，它使人深受震撼、力量倍增，成为照亮人们心灵的火炬、引领人们前进的旗帜。优秀的校园文化，能够发挥其独特的熏陶和感染作用，帮助学生完成完善的人格塑造、良好的习惯养成、正确的价值观形成等基础工作，奠定他们人生的根基。优美的学校环境，干净整洁的餐厅，舒适的宿舍、公寓，便捷的学习条件，人性化的管理和服务……学校里的一草一木、一点一滴，都带有文化的气息，潜移默化地影响着学生；教师的一言一行、一举一动，都传递着文化的力量，塑造着学生的现在和未来。这就是文化的力量，也彰显了校园文化建设的必要。

（三）扎实开展高校校园文化建设，为培养高素质人才护航

建设校园文化，培养高素质人才，目标选择是提高学生职业素质和职业素养，打造"双核型"人才。一名真正的高素质人才，不仅应当具备熟练的职业素质，而且还应当具备相应的职业素养，是核心职业素质和核心职业素养相统一的"双核型"人才。这是从本质上对素质人才"唯素质论"传统认识的彻底颠覆，也是对素质人才培养目标的重新定位。作为高素质人才成长的摇篮，高校校园文化发展模式的核心目标和最终落脚点，就是要紧紧围绕职业素质和职业素养这"双核"来进行，校园文化建设要能够反映职业素质和职业素养这"双核"的规范和要求，激发学生学习职业素质、培养职业素质的兴趣和动力。有了良好的职业素质和职业素养，高素质人才成长才能拥有坚实的根基。

建设校园文化，培养高素质人才，路径选择是注重在素质教育中渗透职业素养教育，积极推进"素质教育进课堂"。实践证明，在职业素质教育中渗透职业素养教育，让学生在课堂上逐渐培育职业习惯、职业操守，然后再借助于课堂外的隐性教育帮助学生掌握更多的人文知识、提高自身的职业素质，这是一条切合高校实际的文化建设和职业素质教育之路。实现二者的结合，就要以积极推进课程改革为努力方向，重点开发整合职业道德、职业意识、职业心理、职业精神等职业素养的养成课程，加强就业指导课程等人文课程建设，形成职业素养教育的基本课程模块。

建设校园文化，培养高素质人才，方向选择是注重与企业文化的对接，大力推动"企业文化进校园"。职业教育必须以就业为导向，注重专业素质的培养，强调根据企业生产实际需要、针对不同的岗位培养专门人才，追求学校教育与社会生产实践的无缝对接。这里的对接，自然包括文化的对接。因此，校园文化建设，必须主动对接企业文化，必须研究和借鉴企业文化的发展轨迹，吸收和整合企业文化的合理成分，体现和代表企业文化的突出特征，特别是结合"订单式"培养模式，将订单培养企业的文化内容分解在专业教学等方面之中，使校园文化和企业文化紧密结合。

建设校园文化，培养高素质人才，内容选择上必须突出职业道德和敬业精神的培养。职业教育人才培养目标十分明确，就是培养生产、建设、管理、服务一线所需的技术应用型专门人才。这种专门人才需要全面发展，首先是应具有良好的职业道德和敬业精神。这种职业道德和敬业精神正是高校职业素质教育的核心，也正是素质人才得以健康成长和持续发展的内在因素。高校围绕职业道德和敬业精神开展校园文化建设，其内容要针对未来从事行业职业的特点，重点开展与未来职业紧密相关的法律教育，诚信、责任、创业、敬业的教育，提升学生相应的能力和素养。

把高校学生培养成为党和国家所需要的合格人才，是我们党执政为民宗旨的具体体现，是高校的神圣使命与职责。这对于整个国家发展而言意义深远。高校校园文化建设的根本目的是培养高素质社会主义接班人。通过调动师生的积极性，使学生逐渐养成主动学习、主动实践的自觉性，进一步巩固、拓展自身的知识结构；启迪学生的创新精神，感染熏陶其审美情趣并通过各种文化活动提高自身多方面能力，使身心健康得到发展。

第三节　校园文化活动的理论

高校校园文化活动是高校校园文化建设的载体，是高校校园文化的灵魂。它既是展示高校办学活力和效果的重要方面，也是增强和提高师生实践和运用思想、知识、能力的重要方面。高质量的校园文化活动，不仅可以丰富校园生活、振奋学生精神，而且能够产生强大的凝聚力和吸引力，培养和激发广大学生的群体意识和集体精神，促进学生全面成长成才。新时期，高校应以党的二十大精神为指引，大力推进校园文化活动创新，为推进社会主义文化大发展、大繁荣做出应有的贡献。

一、创新高校校园文化建设的原则

随着新媒体发展步伐的不断加快，加强对新媒体视域下高校校园文化建设是绝不容忽视的重大问题。新媒体确实给师生们带来了很多的方便，改变了传统的教学模式，提高了学习和交往的效率，但是也带来了很多负面影响，如果我们不能很好地引导和规范新媒体技术的应用，不仅影响青年大学生的健康成长，而且还关系到我国高等教育事业的科学发展。移动互联网和媒介融合时代，繁荣发展高校校园文化需要牢牢把握以下几项原则：

（一）坚持传承和发展相统一

高校校园文化是高校在长期办学实践的过程中，经过历史积淀而逐步形成的一种特殊的社会文化形态，这种积淀的过程既是传承的过程，也是发展的过程。新媒体的快速发展和普及应用，开辟了高校校园文化建设的新领域。一方面，高校作为创造知识、培育人才的重要摇篮，是传承优秀传统文化的重要平台。高校校园主体可以结合各自学科的不同理念、专业特点、办学特色和历史传统等，运用新媒体手段积极传播中华文化的历史价值、优良传统和知识体系，充分展现高校校园文化的独特魅力和发挥其引领社会风尚的功能；另一方面，新媒体的出现使得发展高校校园文化比任何时候都显得更为重要和迫切。高校应按照高校校园文化的独特价值和发展规律，充分发挥高校师生的思想文化创造活力，广泛运用新媒体打造更多的校园文化精品，推动高校校园文化在传承中创新、在创新中发展，使高校校园文化成为我国社会主义文化"百花园"中的一朵艳丽奇葩。

（二）坚持开放与融合相统一

高校校园文化是一种依托于社会文化又区别于社会文化和其他亚文化

的相对独立的文化体系，它随着社会文化的发展而变化。媒介融合的加速，新媒体的应用普及，促使高校对外联系互动的渠道、方式和形式变得日渐丰富且推陈出新，对外开放的广度愈广、深度愈深，变得越来越便捷、快速而富有效率，构筑出一种全新的文化交流和传播方式，赋予了高校校园文化建设新的内涵和发展方向。高校校园文化与社会文化之间的融合程度、趋同性、互动性日臻明显。例如，高校学者在其微博上发布其对某个社会问题或事件的看法和意见，可以在瞬间把信息传达到其"粉丝"和其他用户手中，广播、电视、报纸等传统媒体纷纷跟进，就会在现实生活和网络社会之间掀起对这一问题或事件的轩然大波，进而影响社会管理和政府决策。因此，在移动互联网和媒介融合时代，高校校园文化建设应该坚持开放性和融合性相统一，努力借助新媒体的强大力量，积极吸取和借鉴一切社会优秀文明成果，古为今用、洋为中用，让高校校园文化绽放绚丽光彩。此外，新媒体对经济社会发展和人们生产生活的影响已经远远超越了纯技术或某一学科的研究范式，必然要求对人才培养和科学研究的理念与模式进行调整，这是社会生活网络化、信息化在高等教育领域中的新确证和新影响。高校应适时调整学科设置和专业结构，敢于打破学科间的壁垒，更加注重不同学科之间的融合与渗透，增设新媒体应用、管理和对经济社会发展影响方面的课程，积极搭建产学研一体化、跨学科融合研究等各类平台。

（三）坚持多元化与主导性相统一

高校校园文化对青年大学生的成长成才具有潜移默化的熏陶作用，对于社会主义文化发展进步及社会风尚具有明显的导向和引领作用。在移动互联网和媒介融合时代，高校师生不仅可以随时随地利用各种终端在网络上开博客、发微博、玩微信、聊QQ，参与各种讨论，进行信息交流，甚至在网络上开展各种商业活动，铸就了一种全新网络社会文化。这种文化作为高校校园文化的重要组成部分，致使高校校园文化更加多元化：一方面来自于高校不同学科、专业和办学理念的差异和历史传统的不同，形成形态各异、种类万千的文化风格和品位，另一方面也来源于媒介融合造就网络文化的多样性。尽管高校校园文化具有多元化的特征，但是，我国高等教育的性质、根本任务和社会主义办学方向，决定了高校校园文化建设必须坚持主导性，即必须坚持马克思主义指导思想在高校校园文化建设中的主导地位，用社会主义核心价值体系引领高校校园文化繁荣发展，善于占领网络信息传播和网络舆论的制高点，毫不动摇地坚持用社会主义核心价值观引领网络舆情，引导青年大学生知荣耻、明是非、识美丑、辨善恶，坚决抵制庸俗、低俗、媚俗之风，积极营造文明和谐、健康向上的高校校园文化环境，使网络成为宣传党的主张、弘扬社会正气、创造先进文化的重要阵地。因此，坚持多元化与主导性相统一，是新媒体视域下高校校园文化建设必不可少的一个重要原则。

二、开展校园文化活动应坚持"走上去、走下去、走出去"

（一）"走上去"应做到活动具有思想性、品牌性、导向性、创新性

1. 思想性

开展校园文化活动时，应坚持在社会主义核心价值体系指导下，弘扬主旋律，弘扬民族精神，弘扬时代精神，弘扬人文精神，促进校园文化活动与思想教育紧密结合，校园文化活动与学校党政中心工作紧密结合，着力营造高雅的校园文化氛围，陶冶情操，净化心灵。坚持对大学生进行"爱国主义、社会主义、集体主义"教育，引导大学生做习近平新时代中国特色社会主义思想的实践者。

2. 品牌性

校园文化活动主要包括学术活动、艺术活动、体育活动、公益活动，既包括有组织的大型活动，也包括基层、班级以及个人开展的小型文化活动。校园文化活动形式多样，内容丰富，但一定要形成品牌，彰显特色，

以期在广大学生中产生强大的凝聚力和影响力，使"文化育人"得以可持续地进行。

3. 导向性

不同的校园文化，引导学生向不同的方向发展，发挥先进校园文化的思想政治教育功能，离不开积极健康的校园文化对师生言行的引导。开展校园文化活动过程中，为了达到既定的目的，需要一系列规范约束学生的言行。符合规范的行为，就会受到肯定和鼓励；背离规范的行为，则会受到否定与抑制。通过规范与激励机制，保障校园文化活动的正确导向，营造积极向上的氛围，引导广大学生追求真善美，抵制假恶丑。

4. 创新性

开展校园文化活动，需要与时俱进，在继承传统的同时，离不开形式和内容的创新，从而培养学生的创新意识、创新能力。校园文化活动由学生自主组织、参与，形式多样，内容不限，能有效地活跃人的思维，增强人的想象力，有利于提升青年学生开拓创新的素质。

(二)"走下去"应做到活动具有全面性、实用性、娱乐性

（1）全面性。要注重校园文化活动的群众性，组织全员参与。在校园中，有两种人很容易受到别人的关注：一种是学习好或是在某方面有特长的学生，另一种是症状比较严重的"问题学生"，他们是校园文化活动开展过程中经常面向的对象。事实上，大多数学生既没有干部头衔或者某种特长，又没有什么很严重的心理或是品德问题。从心理学的角度来看，这些学生最需要有机会参与到团体活动中表现自我，他们当中很多人感受到苦闷和迷惘，只是需要一些机会去在某个场合说说或者只是需要有人在旁边稍做疏导点拨。因此，开展校园文化活动不应该遗忘这些学生。

（2）实用性。高校毕业生就业制度的改革，使大学生的就业问题越来越成为一个焦点问题，许多高校在校园内举办模拟证券交易所、模拟人才招聘会等极富社会信息量和实用性的活动，取得了良好效果。同时关于出

国的信息、考研的信息等也是在校大学生关注自身发展的需要，我们必须围绕他们的这些需要开展活动。

（3）娱乐性。举行具有一定娱乐性质的活动，可丰富校园文化生活，同时也是对健康生活方式的一种倡导。这类活动应在量上适度控制、质上追求品位。这些娱乐活动的举办能起到很好的凝聚作用。同时，应充分利用娱乐类活动的广泛参与率，加强活动的内涵化建设，寓教于乐。

（三）"走出去"应做到以积极的态度应对形势的变化，根据社会的发展调整工作的方式与节奏

改变工作方式，敢于走出校园。广纳社会信息对校园文化活动的充实与发展至关重要。走出校园，我们应首先立足于校校联系，加强与其他高校在校园文化活动方面的交流，取长补短，共同发展。同时，校校联合举办活动也有利于扩大影响。

树立市场意识，敢于自我宣传。今天的高校正逐渐走向市场成为竞争主体，同样面对供求关系与优胜劣汰等市场法则的严峻挑战。不少高校意识到自我推销与宣传的重要性，而校园文化活动在这一方面则具有独特的职能优势与资源优势。它可通过举办活动、媒体报道等多种途径，面向社会广泛展现校园风貌、学生风采，从而为提高学校知名度做出有益贡献。

发挥职能优势，引进社会资金。校园文化活动尤其是学生活动的资金保障必不可少。除了正规渠道的拨款，我们应注重引进社会资金，如举办赞助性活动等。开发、利用社会资金，要符合市场经济及校园文化活动自身发展的要求，即商家市场宣传与企业利润需要与学校精神文明建设和校园文化需要之间实行有机结合。以赞助性活动为例：一方面，我们应承认和尊重商家的实利主义思想，在市场经济条件下，赞助性活动并非纯公益性活动，也含有一定商业合作行为，商家希望通过投入资金、物品获得活动冠名权、宣传权等实际利益，以扩大企业影响。另一方面，校园文化活动中引进社会资金毕竟不是纯商业行为，我们不能以原则做交易。校企双方合作的项目，必须保证其公益性、健康性、安全性，要确保能有利于学校精神文明建设和校园文化建设，这是引进社会资金的基本原则。

三、开展校园文化活动应处理好的关系

（一）要处理好艺术性、娱乐性与教育性的关系

艺术性是校园文化活动质量的重要衡量标准，娱乐性是校园文化活动扩大参与面的重要方面，教育性是开展校园文化活动的首要目标。缺少了艺术性，校园文化活动所追求的育人功能则是空洞的，不能与广大学生产生情感共鸣，其影响不能久远；缺少了娱乐性，校园文化活动的学生参与面就会大打折扣，影响面有限；而缺少了教育性，校园文化活动则失去了其根本意义。虽然不同的校园文化活动形式方面可以有不同的侧重点，但三者不能厚此薄彼，而应追求艺术性、娱乐性、教育性的辩证统一，将这三者很好地统一在一起。

（二）要处理好"质"与"量"的关系

没有一定"质"的校园文化活动，不会产生强大的凝聚力，也不会达到育人的作用，而如果一味追求"高质量"的校园文化活动，也可能会由于资源短缺、经费有限等因素，导致高校无法达到预期目标。另一方面，没有一定"量"的校园文化活动，不能满足大学生多元的、全方位的文化需求；而过"量"的校园文化活动，势必影响正常的教学活动，背离了高校教育的初衷，其质量也得不到保证。因此，组织开展校园文化活动时，应注重"质"与"量"的平衡，既要有精品意识，提高校园文化活动品味，又要结合实际情况，丰富校园文化活动形态，"阳春白雪"与"下里巴人"各得其所。

（三）要处理好传承与创新的关系

每所高校在其办学历史中，都会沉淀一些需要传承的、传统的校园文

化活动形式。许多传统校园文化活动，传承至今，从未间断，学生参与积极性高，都是得到很好传承的校园文化活动。校园文化活动在传承传统的同时，如果不能勇于创新，做到与时俱进，就会流于形式主义。不会传承，意味着背叛，文化也就缺少了积淀，缺少了底蕴；不会创新，校园文化活动则会丧失活力。校园文化活动的形式需要创新，传承的传统校园文化活动的内容也需要创新。只有这样，才能紧跟时代步伐，才能最大限度地调动广大同学的参与热情，才能真正让校园文化活动迸发出蓬勃朝气。

第二章　高校校园精神文化和物质文化建设

第一节　高校校园精神文化建设

高校校园精神文化是一所高校本质、个性、精神面貌的集中反映，是校园文化的最高层次。通过各种载体和多种形式所倡导的价值观念、道德规范和行为准则，以启迪、熏陶、感化和塑造等方式潜移默化地引导和规范学生的思想行为，帮助他们树立坚定的共产主义理想和信念，树立科学的世界观和正确的人生观、价值观，养成良好的道德品质和文明行为，在学生中形成爱国、爱党、爱校、知荣明耻的良好而和谐的校园精神文化氛围。

一、高校校园精神文化的内涵

校园精神文化是在特定历史条件下，在长期的教学、工作和生活等多方面的实践中逐步形成和发展起来的，为学校人所认同的一种群体意识。它包括学校的办学思想、发展目标、价值观念、道德规范、学术风气、治学风格以及传统作风等。积极进取、健康向上的校园精神文化，是规范和指导教师及学生思想行为的无形力量，同时又对提高全体成员的道德素质、陶冶情操，激励师生员工肩负起热爱学校、建设学校的责任感以及调动全体师生勤奋学习、努力工作的积极性、创造性，有着不可替代的重要作用。因此，在校园文化建设中，应以校园精神文化的塑造为重点，着力建设具有鲜明时代特征和学校特色的校园精神文化，使其成为激励师生员工奋发进取的群体意识。所以，高校校园精神文化主要是指高校的历史和传统精神，校园精神文化是大学的内隐文化，是在长期的校园物质文化、制度文化创造过程中积淀、整合和提炼出来的。它包括学校所有成员的群体意识、精神风貌、舆论氛围、心理素质、人生态度、人际关系、价值取向、思维方式和教风学风等。它是由高校的地域、民族、职业、历史文化的影响和知名学人（包括教师、学生、校友）的品格、气质、生命力和创造力共同孕育的。高校校园精神文化的内涵应包括以下几个方面：

高校校园精神文化是一种历史和传统文化。无论建校时间长短，每一所学校都有自己的发展历史，都会有自己的特点。所谓的校园精神文化的建设，就是创建有自身特色的学校，紧跟先进文化发展的潮流，着眼于社会需求，发挥学校的传统与优势，发掘本校的潜力，发挥本校的特长，把学校办得与众不同。如北京大学的"教授治校，民主办学，学术自由，兼容并包"的办学指导思想，鲜明地体现出这所大学的办学风格，也使得在这种校园精神文化熏陶下的学生在立身行事上有较强的个性。

高校校园精神文化是一种民族文化。作为一种行为模式（包括制度、规范、认知模式、情感模式、心理模式、审美模式等）的民族文化，调节着民族群体与生存环境、民族社会群体内部、民族个体与社会等多重的关系，并塑造着民族社会的理想人格，为个体提供归属感、幸福感和心理上的依托。同时，民族文化的这些价值和内在意义又常常被符号化、系统化，以象征的方式表现出来，这就使民族文化涂上了五彩缤纷的颜色和具备了鲜明耀眼的个性特征，而且在某种程度上决定着一个民族的世界观。

高校校园精神文化是一种地域文化。一方水土孕育一方文化，一方文化影响、造就一方社会。不同社会结构和发展水平的地域自然环境、民俗风情习惯、政治经济情况孕育了不同特质、各具特色的地域文化。诸如齐鲁文化、秦文化、蜀文化、巴文化、徽文化等不同个性特质、各具鲜明特色的地域文化，代表了不同地区的优秀文化传承。

高校校园精神文化是一种职业文化。高校教育在一定意义上是一种职业教育。校园精神文化建设要以实现培养目标为目的，以培养学生职业能力与职业素质为主。加强学生的职业素质养成教育，要不断提高学生的职业能力和职业素质，培养学生的创新意识。要注意吸收职业文化与职业精神。校园内的各种基础设施、校园环境、校内外实习实训基地建设都应渗透职业文化与职业精神，使之有利于学生走上社会后能较快地适应实际工作岗位。

二、高校校园精神文化的特征

高校校园精神文化集中体现了高校独特、鲜明的个性和办学理念，反映着高校的追求和信念。所以，高校校园精神文化具有以下特征：

(一) 校园精神文化的时代性

作为文化中心的高校所构建的校园精神文化，要与我国在当前提出建设民族的、大众的文化基本纲领协调一致，要为实现这一奋斗目标提供精神动力、智力支持和良好的人文生态环境。因此，当代中国高校的校园精神文化既不单纯是传统文化的人文精神，也不单纯是工业社会的人本精神。它应当既充分吸收东西方文化精神的精华，又具有中国特色；既有助于推动精神文明建设，又充分体现人类终极关怀的价值目标。

(二) 校园精神文化的实践性

校园精神文化存在着主客体关系，主体是教师、学生，客体是校园文化形态，而实践是主客体的中介和统一，校园文化在实践中形成和发展，在实践中创造了主体。高校是培养高级人才的摇篮,求真、求善、求美是一名大学生必备的品质,因此,校园文化必然显现出实践性的特点。发展校园文化的过程,实际上就是学生自我表现、自我教育、自我管理、自我提高、不断实践的过程。对于高校来说,校园精神文化最现实的生命力昭示和最生动的价值性体现就在于大学生创设的校园精神文化实践的舞台,例如学生社团、艺术节、运动会等。

(三)校园精神文化的创新性

高校校园文化是以促进人的文明化、现代化的教育为理念,以促进人的创造个性和个性发展为根本目的。所以培养、发展创新精神是校园精神文化理应追求的教育目的和人文理念。校园精神文化要保持自身的一种特殊文明形态和文化群落的人文本性,就必须承担起以创新精神为关注对象的人文使命,对大学生主体创新精神的召唤,实际上就是对校园文化人文使命精神的弘扬。所以创新是校园精神文化建设的精髓。

(四)校园精神文化的继承性

校园精神文化必然带有学校在几十年甚至上百年发展过程中的历史积淀而表现出来的自身特点。如清华大学"自强不息、厚德载物"和哈尔滨师范大学"敦品励学、弘毅致远"的校训,鲜明地体现出这两所大学不同的办学风格。

三、大学精神是高校校园文化建设的核心

大学精神是大学自身存在和发展中形成的具有独特气质的精神形式的文明成果,它是科学精神的时代标志和具体凝聚,是整个人类社会文明的高级形式。面临知识经济的机遇和挑战,建设大学精神不仅是高等教育自身发展的需要,同时也是社会进步的需要。大学精神的本质特征概括为创造精神、批判精神和社会关怀精神。

大学精神是高校的安身立命之本，是推动高校健康发展的内在精神力量。所谓大学精神，是指高校在长期的发展过程中，经过历史的沉淀、选择、凝聚所形成的能够体现高校独特的办学理念、个性气质、精神风貌、道德水准和文化品位，并为学校师生员工所认同的一种理想信念、价值取向、行为准则和群体意识，是高校生存与发展的精神根基。大学精神的内涵极为丰富，是高校内在共性和独特个性的集合体。其内在共性体现在，高校作为探求学术和真理的神圣殿堂、文化创新和知识传承的基地、培养高层次人才的摇篮，在其历史发展的长河中，逐渐形成的高校人所共有的一些思想品质和价值理念。诸如大学精神所蕴含的民主精神、科学精神、批判与包容精神以及传承与创新精神等。这些精神相互关联，相互促进，表现着大学精神的一般特质，共同构成大学精神文化的精髓。其独特个性体现在，每一所高校都有其独特的文化品质和精神气质，展现了与其他学校不同的精神风貌和个性特点。

（一）大学的创造精神

创造精神是大学精神存在的价值所在，是大学在社会有机体中保证自身地位的根本生命力。文化的继承不能依赖遗传，只能通过传递方式继承并发展下去。教育从一开始就成为传递和保留人类文化的重要手段。爱因斯坦正是在这个意义上理解学校的："学校向来是把传统的财富从一代传到下一代的最重要的手段。"与过去相比，这种情况更加适用于今天。由于经济现代化的作用，作为传统的教育的传递者——家庭的作用已经削弱。因此，比起以前，人类社会的延续和健康，要在更高程度上依靠学校，大学教育通过确立教育内容，对人类文化进行选择和整理。通过更新教育观念，更新人们的价值观念和价值取向，改变思维方式，实现文化的再生。

大学是以人才培养为己任的，而创造性恰恰是人才的核心特质。曾任哈佛大学校长40年之久的艾略特认为，高校校园文化最有价值的成果是使学生具有开放的头脑，经过训练而谨慎的思考态度，谦恭的行为，掌握哲学研究方法，从而全面了解前人积累的思想。爱因斯坦更直接地认为："学校的目标应该是培养有独立行动和独立思考的个人，不过他们要把社会服务看作自己人生的最高目的。一个由没有个人独创性和个人志愿的规格统一的个人所组成的社会，是一个没有发展可能的不幸的社会。"

另一方面，大学也创造社会理想，并把这些理想传递给社会成员，通过人们的实践，使理想变成现实的文化实体。社会理想是社会需要的具体反映，这种需要是反映社会发展规律并以社会发展规律为基础的。由于在文化积累方面的特殊优势，知识分子，特别是集中在大学校园里的知识分子比其他社会成员更能认识社会发展规律。有了对社会发展规律的认识，就能够提出符合社会发展规律的社会理想。

（二）大学的批判精神

就批判精神而言，大学与社会其他结构相比具有自身的优势。具体表现在：一是知识聚集的场所。大学是继承传统科技文化遗产，不断创造新科技文化的场所，聚集了古今中外各种知识，具有很强的知识容量。二是思想观念和学术思潮的交汇处。大学生产生新思想，包容新观念，在这里不同的学术观念可以并存，不同的思想可以通过学术交流相互影响，具有良好的争鸣传统、追求理想的永恒特性。

从欧洲中世纪早期开始，大学就有了自治的传统，并以传播知识和研究学问为最高理想，相对超越于社会现实。首先，大学的批判精神表现为大学教师在教学和科研过程中能够以科学的态度对待传统与现实，否定非科学的内容，破除迷信与保守主义，建立科学的知识体系。可以这样说，大学的教学与科研发展史就是科学史重要过程的展开史，是一个肯定与否定相结合的扬弃过程。其次，大学的批判精神是对社会现实的理性反思和价值构建。进入技术时代后，技术性淡化了人性，使人失去了对他人的热情和敏感，结果，人性变成了技术的牺牲品。同时，人性又屈服于技术，把技术崇拜为神。科学与人文分离的结果就两个极端而言，出现了两种畸形人,一种是只懂技术而灵魂苍白的"空心人",一种是不懂技术、奢谈人文的"边缘人"。现实社会改变这种"技术毒害"是无力的,而大学教育者,特别是人文社会科学教育却将其作为应有的内容。再次,大学的批判精神是大学知识群体对政府决策的参谋和建议。科学决策是政府决策的关键,但是由于决策者自身素质的限制,做到科学决策并不容易,所以要倾听专家意见,请专家参与决策成为决策机制中的一环,专家之所以成为专家,就是因为他们的职业所特有的对问题的科学态度和客观的批判精神。

(三) 大学的社会关怀精神

高等教育是社会发展的必然产物,社会需要是第一推动力。在工业化、信息化的社会里,大学已经被越来越深入地卷进社会机器的运转之中。关注现实、服务社会成为高校的第三职能,高等教育通过科学研究直接转化为社会第一生产力——科学技术;通过人才培养,为社会提供生产力中最活跃的因素——高质量的人力资源。社会关怀精神还表现在大学对社会精神文明的参与和建设。除了在生产力方面对社会的贡献外,大学通过直接的人文社会科学的研究和宣传为社会提供精神产品,包括哲学研究、文学创作与批判、思想道德建设等。知识分子在提炼和批判社会生活的同时,又把各种精神产品投资到社会,为社会主义建设提供直接的内容。

(四) 大学精神的核心

大学精神的核心是以育人为第一要旨,以全面人才教育为使命。育人的重点,首先是培养学生对国家、对民族的责任感。培养有抱负、有政治远见、有广博知识、有责任心的人。要教育学生以天下为己任,继承前人"国家兴亡,匹夫有责"的报国之情,学习前人"先天下之忧而忧,后天下之乐而乐"鞠躬为民的品德。关心天下大事,使自己服从于社会,服从于国家,服务于人民。其次是理想、信念教育。理想和信念是精神世界深层次问题,它取决于世界观、人生观和价值观。要引导学生树立正确的人生目的、人生理想、人生追求和科学的自然观、历史观、社会观和辩证唯物主义认识论。第三是培养爱心。要教育学生爱父母、爱生活、爱事业、爱祖国。第四是培养高尚的人格。坚持真理，胸怀坦荡，高风亮节，严于律己，宽以待人，淡泊名利，无私奉献。第五是培养自强不息、厚德载物的精神。不但教育学生如何认知，如何做事，更重要的是如何做人。引导学生敢于奋斗，善于成才。总之，育人的目的就是实现学习科学文化与加强思想修养的统一；学习书本知识与投身社会实践的统一；实现自我价值与服务祖国人民的统一；树立远大理想与艰苦奋斗的统一。使我们的大学生成为理想远大、热爱祖国的人，成为追求真理、勇于创新的人，成为德才兼备、全面发展的人，成为视野开阔、胸怀宽广的人，成为知行统一、脚踏实地的人。

科学技术的力量是无法抗拒的。科技改变了人的观念，改变了人的生活方式，改变了经济发展模式，改变了社会发展进程。大学的主要任务是传播科学精神、培养科学素养。科学精神是尊重规律、实事求是、勇于探索、敢于创新、坚持真理、修正错误、实证实干和独立的精神。科学素养是指参加国家文化事务、经济生产和个人决策所必须具备的科学概念和科学过程的知识水平和理解程度。具体地说，能认识世界的多样性和统一性；掌握科学的基本概念和原理；了解科学、数学和技术的作用和局限性；具有用科学方法思维的能力；能够用科学知识和科学思维方法处理和解决社会及个人问题。要对学生进行科学研究的锻炼，鼓励冒尖，允许失败。通过科学研究的实践，逐步培养学生的科学观念、科学精神、科学方法和科研能力。

善于创新是大学精神的灵魂。要想在教育理念、办学思想、培养模式、教学管理等方面塑造自我，具有个性，没有创新是不行的。哈佛大学以师资雄厚，将近40名教授获诺贝尔奖而著称，学生以学术卓越、全面发展、自信能干而闻名。耶鲁则以教授治校、思想开放、人文一流、盛产总统而骄傲。而普林斯顿大学以重质量、重研究、重理论，并培养出38位诺贝尔奖获得者而卓誉世界。哥伦比亚大学既是一所大学校，也是一所大企业，竟然也培养出34位诺贝尔奖获得者。年轻的斯坦福大学以强烈的进取精神，提出不承袭任何传统，沿着自己的路标向前，以"学术顶尖"的构想建设大学，成为"硅谷"的强大后盾。总之，凡是有特色的大学，都因善于创新，坚持走自己的路而成名。

大学之道，在于育人，育人之道，在于大师。师强则学子成才，师惰则误人子弟。办好大学的奥秘在于名师如林、唯才是用、兼容并包、宽容尊重。学术上需要有兼容并包的精神，要鼓励学术自由、民主竞争、思想碰撞、中外交流。正如《礼记·中庸》中所说，应引导学生"博学之，审问之，慎思之，善辩之，笃行之"。使大学成为科学与艺术的实验室，成为青年学子崇拜的殿堂，成为博大精深的思想库，成为精英人才的聚集地。大学的民主精神主要体现在民主管理和民主施教上。实施民主管理必须更新教育观念，改革教育体制，鼓励多样化，建立公平竞争环境与机制，建立规范化、法制化管理模式。要求大学管理者的作风与品质，不是自信专横，而是从善如流；不是故步自封，而是善于进取；不是因循守旧，而是富于想象；不是高高在上，而是深入群众；不是妄自尊大，而是对自己能力的局限性有自知之明。

大学作为一个存在的实体，活生生地展现在人们的眼前，而寄存于这一实体中的精神却不能仅靠视觉就能观察到，必须深入其中才可体会。"精神"一词抽象却富有魅力，大学的魅力正在于它的精神。大学精神的内核是一种不媚俗的精神，既是潜心向学的纯粹的学术精神，又是引领社会，敢于不随波逐流的正确的批判精神。

大学精神有着丰富的内涵，对大学的生存与发展起着至关重要的作用。世界上任何一所知名大学都有自己独特的大学精神，这不仅是一笔宝贵的财富，也是大学魅力之所在，更是大学持续发展的动力。在我国建设世界一流大学的道路上，在大学之间竞争愈演愈烈的今天，大学精神的塑造是必不可少且尚需加强的一个重要环节。

四、在高校开展精神文化建设的重要作用及意义

大学精神在高校校园文化建设中具有十分重要的地位和作用。校园文化是一个学校风格和精神的集中体现，承载着课堂教学无法替代的价值功能。高校校园文化可分为校园物质文化、精神文化、制度文化、行为文化、社团文化、媒体文化等几个方面。其中校园精神文化是校园文化的精神内核，在学校的发展中起着引导的作用。大学精神作为校园精神文化中的主体精神，是高校校园文化的灵魂和核心。实践证明，大学精神一旦形成，就会通过各种文化形式和活动载体，内化为师生一种坚强的内在精神力量，并以其特有的导向、凝聚、激励、塑造等功能，在大学生价值观的培育和形成方面发挥重要作用。同时，校园文化也是大学精神的具体化和表现形式。高校校园文化建设对大学精神的养成有着重要的意义，把握校园文化的特点，加强校园文化建设内容的针对性和时效性，对于提升大学精神有着深远的意义。

（一）大学精神推动校园文化建设

校园文化是大学精神的载体，大学精神的塑造和发扬应与大学校园文化的建设同步进行。值得注意的是，校园文化不仅包括物质文化，还包括制度文化和观念文化，而且制度文化和观念文化在某种程度上比物质文化（校园环境建设）更为重要。很多大学只重视校园环境——硬件方面建设，而相对忽视校园制度文化和观念文化——软件方面的建设。因为校园环境的改善是看得见的，而制度和观念文化的建设却不能很快收到成效。这种短视行为，使大学校园文化中制度文化和观念文化成为"软肋"，带来了不少显而易见的不良现象。因此，校园文化要通过对大学生德、智、体诸方面的全面培养，形成其健全的人格素质，把体现大学精神的科学态度、文

明风范、价值观念等带到社会，影响和感染其他人。

一是弘扬优良传统，实现文化引领，在大学精神的传承与创新中推进高校校园文化建设。大学精神既是高校历史文化的积淀，又是时代精神的升华。作为中华民族传统历史文化的一种传承和发展，我国许多高校的大学精神均融合了中华民族优秀文化传统精神的元素，成为这些高校生生不息、永葆活力的宝贵精神财富。同时，大学精神也与高校自身发展的历史传统息息相关。

大学精神既要植根于历史传统，也要立足于当代，与以改革创新为核心的时代精神相契合。总之，大学精神的传承精神和创新精神为高校实现文化引领，推进校园文化建设奠定了深厚的文化根基，提供了源源不竭的精神动力。

二是凸显人文关怀，在人文精神与科学精神的交融中推进高校校园文化建设。在高校，大学生既是大学精神的创新和培育主体，也是校园文化的建设主体。在高校校园文化的建设中，必须坚持以学生为本，凸显人文关怀，大力弘扬和培育人文精神和科学精神。在实践中，既要把教育人、引导人、鼓舞人与尊重人、理解人、关心人结合起来，把人文关怀送到校园的每个角落，又要在高校校园内营造一种追求真知、崇尚科学的气氛。这样，才能不断提高大学生自身的人文素质和科学素质，并充分发挥其在建设校园文化中的主体作用。

三是秉承公正，兼容并蓄，在批判精神和包容精神的交相辉映中推进高校校园文化建设。批判精神是大学精神所固有的一部分，作为学术研究和文化创新的重要基地，高校只有秉承公正，对各种学术观点和文化理念做出公正客观的价值评价，才能真正发挥其对学术和文化发展的引领功能。包容精神是一种兼容并蓄的开放精神，是一所高校谋求高端发展的生存之道、生命之源。在高校，坚持包容精神，就是要依据社会主义文化发展的基本要求，树立多样共生的意识，从不同学术和思想文化的争鸣、比较中汲取养分，求同存异、和合共存。唯此，高校才能成为新知识、新思想产生的摇篮和基地。

精神文化是校园文化的核心和灵魂，它集中反映一个学校的特殊本质、个性及精神面貌，体现学校的办学宗旨、培养目标及其独特风格，是文化的最深层的东西。加强学校的精神文化建设对学校理清办学思路、明确办学目标、促进学校管理、加强教师队伍建设、改善学生的精神面貌、全面推进素质教育和提高办学效益起着关键作用。只有优秀的精神文化才能孕育出优秀的学校教育。

校园精神文化是师生员工精神的避风港和养分的补给站。它虽然看不见、摸不着，但是，它一旦形成，就建立起自身的行为准则、价值取向、生活习惯和规范体系。它可以通过各种文化仪式来引导群体成员的行为、心理，使其在潜移默化中接受共同的思想引导、情感熏陶、意志磨炼和人格塑造，产生一种巨大的向心力和凝聚力。它对学校师生员工的思想和行为有着一定的约束作用，使他们自觉地正视道德冲突，解决道德困惑，明辨是非界限。它的形成、传播和发展，充满着创造活力和创新精神，能激励学生探索奥秘、努力学习的自觉性和主动性，促进大学生创新能力的提高。

校园精神文化，是反映一所大学在长期的办学历程中所形成的理想、信念、情操、价值取向和道德水平，以及逐步形成的传统、风格和特色等具有鲜明个性特征的校园文化形态。它是为广大师生所认可的一种积极的思想成果和精神力量，是学校宝贵的精神财富，是校园文化的核心，大学是认识未知世界、探究客观真理、为人类解决面临的重大课题提供科学依据的前沿阵地，是知识创新、推动科学技术成果向现实生产力转换的重要力量。为此，大学必须弘扬求真务实、严谨创新、追求卓越、艰苦奋斗的科学精神，要保持大学师生的学术良知和人文情怀。

（二）精神文化建设是高校文化建设的灵魂

大学历来是继承、传播、创造先进文化的重要基地，同时也是各种意识形态交汇激荡的重要场所。因此，大学在发展过程中必须加强精神文化建设。既要教学生做事，又要教学生做人，在注重科学技术教育的同时，重视精神文化教育，这才是以人为本的教育。我国高等学校肩负着为社会主义现代化建设事业培养"四有"新人的重任，是精神文明建设的重要基地，对文化的发展具有继承、吸收、创造、传播的功能。

首先，高校通过系统、持久、有选择、大规模的教学活动，可以把民族优秀传统一代一代地传播下去，让文明之光生生不息。其次，高校在继承本民族优秀传统文化的同时，善于吸收、借鉴世界各民族的优秀文化，在中外文化的融合碰撞中，根据时代的需要，努力创造出新的文化成果，不断把有中国特色的社会主义文化推向前进。再次，高校在培养人才的过程中建设先进文化。先进文化是在培养专门人才的过程中传播和创造出来的，专门人才又是先进文化所熏陶哺育出来的。高校精神文化就是要准确地反映中华民族在各个历史时期及发展过程中的基本要求和愿望，准确体现中华民族的优秀传统和精神，并昭示和预见中华民族发展的正确方向。

高校精神文化在体现学校的精神风貌、文化特色、发展方向的同时，还包含了社会主义精神文明和政治文明建设对培育大学生的思想道德修养的自觉性，反对个人主义、拜金主义、享乐主义，抵制封建主义残余的影响和资本主义腐朽思想的侵蚀，不断提高爱国主义、集体主义、社会主义的思想觉悟，发扬自尊、自信、自强的民族精神和艰苦奋斗的传统，努力树立正确的世界观、人生观、价值观，成为有理想、有道德、有文化、有纪律的社会主义建设者和接班人，实现我国社会主义现代化和中华民族伟大复兴，有着不可估量的巨大作用和极其深远的意义。

一所学校首先要建设规范化的教学设施，教学设施作为硬件系统，是学校文化建设的保障，学校通过对校园合理布局、建筑物装饰、名人塑像和绿化美化等景观建设，为学校发展提供优美的物质环境。其次，还要对各种硬件赋予其文化内涵，比如饱含历史和文化精神、人文理念的"北大红楼",虽然很简朴,但经历过无数的风风雨雨,见过多少大师,当师生站在其面前,历史、文化内涵、先贤哲言扑面而来,仿佛就在眼前,文化教育意义胜过谆谆教诲。学校可对教学设施进行文化定位,对教学楼、体育馆等进行主题命名,点明今后教育内容和发展方向,在日常工作中,对硬件环境进行文化打磨,开展各种德育活动、名人演讲、专题学习,引导师生参与,增加文化底蕴,实现硬环境的人文化,提高其育人功效,最终实现优雅育人环境与充满文化内涵的教学设施充分结合,全面发挥环境在塑造和熏陶学生中的作用,做到环境影响人的发展,为学校文化发展提供动力。

总之,精神文化建设是学校文化建设的灵魂,学校要确定办学理念,为校园文化发展提供理论基础,既要继承优良传统,又要敢于创新。从培养人才的角度出发,实现师生共同发展。

五、加强高校校园精神文化建设的对策研究

(一)构建育人为本的办学理念

大学的办学理念是人们在教育规律和社会发展客观规律指导下对高校的宗旨、本质、功能、使命等高校办学中的基本问题的理性认识、理想追求及所持的教育观念或哲学观念。它是办学思想的长期积淀和哲学总结,是高校办学传统和特色的反映,也是高校发展的灵魂和精神文化的象征。高校办学理念的偏失和模糊化已成为长期制约和影响高校发展的思想障碍,因此,高校必须根据自身的准确定位,从教学与科研的特点、如何服务社会等角度出发,围绕"如何培养人、培养什么样的人"这一核心问题来构建自己的办学理念。育人是高校最根本的任务,高校从其诞生之日起就是一个以育人为本的机构。无论是纽曼的"绅士",洪堡的"完人",赫钦斯的"完整的人、聪明而善良的人",还是雅斯贝尔斯的"全人",这些无不是在强调高校的根本在于育人。育人为本是高校教育的本质要求和价值诉

求,是高校理念构建的根本,也是高校文化建设的根本。

构建育人为本的办学理念就是要把培养学生作为高校一切工作的中心,以学生为主体,以教师为主导,充分发挥学生的主动性,尊重教育规律和学生成长成才规律,把促进学生身心健康发展作为学校一切工作的出发点和落脚点。关心每个学生,尊重学生的个性、促进每个学生主动地、生动活泼地发展,为每个学生提供适合的教育,使教育能够满足每个学生的需求和期望。构建育人为本的教育理念,要求教育不仅要关注学生的当前发展,还要关注学生的长远发展,更要关注学生的全面发展,以学生的全面发展为本,改变当前高等教育中重知识传授而忽视对学生高尚人品和完善人格培养的倾向,在传授知识的基础上更加注重学生精神的成长、素养的提升、品格的塑造、个性的发展,使其成为富有学识、智慧、道德,能为自己的生活和社会承担责任的全面发展的人。坚守"育人为本"才是高校的正道,也是发展高校文化的最基本内涵。"重学术,轻学生"是对高校之本的偏离,也是导致高校日益变得功利浮躁、精神文化失落的原因之一。所以,回归高校的育人本质,是加强高校精神文化建设的必然要求。

(二) 培育和弘扬大学精神

大学以精神为最上,有精神,则自成气象,自有人才。大学精神是大学在长期的教育实践中积淀而成的最富典型意义的精神特征,也是大学以自身独特的方式融汇多种社会先进文化与时代精神而形成的独特品格,并为全体大学人所认同的一种价值追求和理想信念。大学精神作为大学优良传统文化的结晶,是大学文化的精髓和灵魂,也是大学整体面貌、水平、特色及凝聚力、感召力和生命力的体现。大学精神主要包括科学精神和人文精神。

科学精神并不是科学本身,它贯穿于科学活动的方方面面,是科学共同体的精髓和灵魂,是人们在长期的科学活动、社会实践中所陶冶和积淀的价值观念、思维方法和行为准则的总和,表现为求真务实、独立自由、勇于批判、大胆创新的精神。人文精神，是一种普遍的人类自我关怀，表现在对人的尊严、价值、理想的追求和关切。人文精神侧重于对人类精神世界的关照和社会道德的提升，包括文化品位、审美情趣、心理素养、人生态度、道德修养、爱国情怀、价值观、人生观等。人文精神同科学精神，正如鸟之两翼，车之两轮，相辅相成。培育大学精神要将科学精神和人文精神相融合。科学精神是大学实现其知识创新、积累和传播功能的巨大动力，但人类在追求真理的科学活动中会牵涉到人的现实功利，所以，唯有接受人文精神的引导，才能为知识的传播和应用提供正确的价值导向，科学精神才能摆脱功利主义的藩篱，否则，科学探索活动就可能被单纯的物欲所摆布。而且，人文精神是大学精神的核心所在，它能为科学精神的弘扬提供不竭的动力。在人类历史上，那些伟大的科学家和思想家所具有的崇高的献身精神、顽强的求真精神、不懈的探索精神和无穷的创造精神，正是源于他们博大的生命情怀和无私的人生态度。

（三）加强高校校风建设

校风是一个学校各种风气的总和，是学校在办学过程中长期积淀而成具有行为和道德意义的风气，是在校内乃至社会上具有极大影响并被普遍认可的思想和行为风尚，包括学校领导的工作作风、教师的教风和学生的学风以及学校积淀的传统文化精神、学术探索所形成的风气和氛围。优良的校风是一所高等学校生存和发展的必要条件，是学校办学品位和格调的重要标志，也是教学质量的有力保障。优良的校风是一种氛围，置身在这种氛围中，能让人受到感染和熏陶；优良的校风又是一种精神动力，能使人感到压力和紧迫，促使师生员工不断进取向上。同时，它还是一种约束力，能制止不良习惯倾向和风气的产生与发展。目前我国高校的校风和教育质量都不同程度地出现了滑坡现象，因此，加强校风建设也就成为大学精神文化建设的重要内容。

加强高校校风建设，首先，要强化领导干部和管理人员作风与能力建设，这是加强校风建设的前提。俗话说"上梁不正下梁歪，中梁不正倒下来"。校风好坏，关键取决于领导者的个人素养和领导班子的集体力量，只有各级管理人员特别是干部以身作则、作风过硬，才能理直气壮地团结和带领师生员工建设优良校风，携手并肩，共同把学校办好。其次，要提高教师的整体素质和端正教师的教育目的，这是加强校风建设的基础。应重视对教师的人文精神教育，强化教师的岗位责任意识和育人意识，培养教师忠诚教育、以生为本、诲人不倦、严谨治学的品格，充分发挥教师在校风建设中的师表作用。再次，要端正学生的学习风气，这是加强校风建设的目的。要严明学习纪律，规范和培养学生良好的学习行为习惯；营造浓厚的学习氛围，激发学生的学习兴趣，端正学生的学习态度；培养学生学习的主动性、创造性。

六、手机媒体背景下的高校校园精神文化建设的思考

（一）手机媒体内涵及其特性

手机媒体，是以手机为视听终端的个性化信息传播载体，它以分众为传播目标，以定向为传播效果，以互动为传播应用，属于大众传播媒介范畴，被公认为是继报刊、广播、电视、互联网之后的"第五媒体"。

手机媒体的基本特征是数字化，具体呈现出几个特点：第一，手机媒体具有移动便携性。第二，手机媒体具有多媒体融合性。它可以实现传播方式立体化、双向性、多元化、互动性等功能。第三，手机媒体具有信息的快速传播性。第四，手机媒体具有较强的互动性。

（二）手机媒体对高校校园精神文化建设的作用

1. 手机媒体给大学精神的炼铸提供开放的平台

大学精神往往通过大学的历史发展、教育实践、优良传统和文化积淀体现出来，并通过一定的大学文化载体进行传载、传递和传播，在历史向

现实的发展变迁中得到传承与创新。校园精神文化建设的核心就是把历史积淀下的大学精神传导、渗透到每个大学人中。手机媒体作为新的载体，能够更快速、便捷、立体、鲜活地把学校的历史发展、优良传统，以及历史积淀下来的精神财富传递给每位师生。大学精神不是一成不变的，它需要一代代大学人随着时代的变迁在继承中扬弃与创新，有其包容性和开放性。手机媒体给师生提供大量的文化资源，会冲击学校一贯以来的价值诉求，促使师生们反思、批判和探索。

2. 手机媒体为办学理念及校训的传播创设宣教的平台

手机媒体的多媒体融合性，让学生在可视化、立体化、交互性中轻松愉快地了解学校的动态。学校的官方微博、微信公众号、论坛等平台，将图片、声音、文字有机结合，将抽象的思想、晦涩的语言用生动活泼的方式传递出来，有利于校园精神、校训、理念得到广泛传播。手机媒体的强互动性，不仅可以把学校的教育理念、教学内容便捷快速地传递给受教育者，而且借助手机应用搭建平台，可以使得管理者与教师、教师与教师、老师与学生、学生与学生之间沟通更畅达，思想传导更到位，共识达成更快速。

3. 手机媒体为校风的形成搭建良好的建设平台

学校领导及管理者的作风，学校教师的言行举止是校风形成的核心要素。一校之风气，首先取决于校长的精神气度、学识风范与人格魅力。除校长外，学校教师的言行举止、人生观、价值观、思维方式等对一校之风养成有其重要作用，特别是学识卓越、乐育英才的教授群体，对一校风气之养成作用甚大。梅贻琦在《大学一解》中所说"学校犹水也，师生犹鱼也，其行动犹游泳也，大鱼前导，小鱼尾随，是从游也"，正是对校风养成的绝佳注解。信息化时代，校长、教授、老师借助手机媒体，把个人的见解、主张发布在微信、微博等平台，并与学生互动，让学生不仅能够感受其魅力，而且能潜移默化地引导自身行为和思想的改变。

(三) 手机媒体推动高校校园精神文化建设发展的构想

1. 加强手机媒体的舆论导向作用，凝练与重塑大学精神

手机媒体时代的信息传播，让每个人既是信息的创造者，又是信息的接受者，学校应该做好"把关人"和"引导员"的角色。学校要加强舆情信息监控，培养一批网络管理与监控队伍，管理和营造良好的校园网络环境。学校可利用手机平台开设"微讲座"，把当前的教育热点问题，按照特定的主题分解为不同的小专题进行十分钟的"微讲座"，让师生在碎片化的时间中观看学习，并同时开辟评论区，引导他们对学校治学育人的思考。

2. 用好手机媒体宣传教育作用，把办学理念与校训内化到师生行动中

理念内化于行动，关键在于认同。让富有批判性、独立性的大学老师，极有个性、追逐潮流、开放、功利性强的大学生认同学校的教育理念，需要从两个层面入手。一是有温度地传播办学理念。理念是抽象的，难以触摸的，借助手机媒体的数字化功能，把学校的历史发展、办学理念、校训，以及学校的历史名人事迹、知名学者的讲座、校长的演讲与主张，借助微博、微信等手机APP，用音频、视频等方式传播给学生，把干瘪的说教、抽象的解读变幻成多重感官的视听盛宴，让学生在其中既能感触到历史的厚重感也能体味到时代的新鲜感。二是有触碰心灵的交流平台。手机媒体跨越时空的距离，有效地缩小人际交往的心理距离，师生更乐意在这个平台上发表自己的真实想法，使得彼此间的互动在广度、深度和密度上得到极大地推进。学校管理者可以利用手机媒体平台，比如在微信公众号中设立"校长说""学者论""教师谈""学生议"等互动区域，让师生间在思想的涤荡与观念的碰撞中，通过否定之否定达到对学校教育理念的认同。

3. 借助手机媒体平台，丰富校园精神生活，推动校风建设

教风是校风建设的基础。学校通过手机媒体宣传展现优秀教师的先进事迹，开设教风讨论板块，开展师德微论坛、师德微讲座、教师成长纪实等活动，让教师在碎片化的时间里可以参与互动。

学风是校风建设的重点。学校通过手机媒体平台观察学生的思想变化，把握其发展趋势，利用"易班"这一平台掌握学生的思想动态，并对其进行干预和引导。利用微信的"微功能"，把学生关注的专业信息、名家学者的文章、国家时事动态等信息，以推送的方式传递到各个学生，让学生利用碎片化的时间进行自主学习。

第二节　高校校园物质文化建设

校园物质文化是指学校物质环境总体所构成的一种文化。它可分为基础设施文化、自然人文环境文化等，它是学校文化的硬件，看得见，摸得着。物质文化建设内容具体包括学校建筑文化的建设，如学校建筑的布局，各种建筑物的命名，校门、大型壁画、校史馆的设计与修建；学校绿化与美化，如学校绿化景点、学校雕塑的创作设计与修建；学校内部的陈设与布置，如学校教学楼、实验楼、图书馆等厅堂的陈设布置，教室、走廊的布置；学校传播设施，如学校标志的设计与制作，校园网、黑板报、橱窗、阅报栏、标语牌、广播、现代信息技术方面的设备设置等。如果这些学校的硬件都具备独特的风格和文化内涵，就能潜移默化地影响学校群体成员的观念与行为，对学生身心的健康发展、知识技能的掌握、世界观、人生观和价值观念的培养以及创造性、主体性的养成等，都会产生直接或间接的作用。

校园物质文化的每一个实体，以及各实体之间结构的关系，无不反映了学校的教育价值观。完善的设施、合理的布局、各具特色的建筑和场所，将使人心旷神怡、赏心悦目，将有助于陶冶校园人的情操，塑造校园人的美好心灵，激发校园人开拓进取的精神，约束校园人的不良风气和行为，促进校园人的身心健康发展。

校园物质文化是校园文化建设的一部分，它是当代学校教育的必然产物，它在培养人才的过程中所呈现出的教育功能、示范功能、凝聚功能、创造功能、熏陶功能等，为当代学生形成良好的心理品格与正确的价值观念奠定了坚实的基础。

在校园文化建设中，精神文化是目的，物质文化是实现目的的途径和载体，是推进学校文化建设的必要前提；物质文化建设是校园文化建设的重要组成部分和重要的支撑。校园物质文化，属于校园文化的硬件，是看得见摸得着的东西。校园物质文化的每一个实体，以及各实体之间结构的关系，无不反映了某一种教育价值观。

一、高校校园物质文化的概念

高校校园物质文化是高校文化的空间物质形态，是高校精神文化的物质载体。学校物质文化有两种主要表现形式。一是学校环境文化，包括学校的总体结构和布局、校园绿化和美化、具有教育含义的教育和教学场所以及校园环境卫生等等；二是设施文化，包括教学仪器、图书、实验设备、办公设备和后勤保障设施等等。

高校校园物质文化是高校文化的有形部分。它是指高校内看得见、摸得着的物化的文化形态，是学校文化的"外壳"，奠定学校文化存在和发展的物质基础；同时，它又是高校文化"内核"的载体，体现着一定的价值目标、审美意向等，是富有教育内涵的人文环境。学校物质文化是学校内人的对象化活动的结果，一方面，人是物质文化的创造者、改造者，使自己所处的物质环境打上种种思想观念的烙印；另一方面，人又是物质文化的受用者，让自己在特定的物质环境中得以陶冶和熏染。因此，从某种意义上说：学校物质文化是学校成员智慧、力量、集体感的象征，可以使青少年学生在不知不觉中，自然而然地受到熏染、启发，从而实现学校文化的育人功能。

具体来讲，高校物质文化主要是通过校园环境的创设而发挥它的育人效应的。校园环境是大学生成长、发展的微观环境，也是学校教育、教学活动能够顺利开展的重要条件。所谓校园环境，就是围绕在学校成员周围一切事物的总和，也可以说是学校所有外界力量对大学生作用的总和。高校环境由学校物质环境和心理环境两部分构成。前者指能够使学校教育、教学活动得以顺利进行，或者得以深化和发展教育影响的外部条件。譬如学校地理位置、学校建筑、学校布局、学校绿化等；后者指为实现教育目标，完成学校管理职能，提高学校教育、教学管理工作效率的内部条件，包括个人心理环境和社会心理环境等。物理环境是高校文化的载体，也是心理环境发挥作用的基础；心理环境是学校文化的核心内容，是学校师生积淀于内心的观念形态的环境，是大学生个性化和社会化的培养基地。这两种环境之间相互作用，相互影响，从而构成一个完整的学校环境。我们在此所论及的高校物质文化的学校环境，是指高校物质环境文化。它主要包括以下内容：

(一) 高校地理环境

学校地理环境的优与劣，是学校物质环境好坏的一个重要方面。因此，在学校物质环境的诸因素中，校址的选择是一个重要的环节。古今中外的教育家都十分重视教育环境的选择。我国历代教育家都十分重视以自然山水陶冶弟子的情操，与此相应，形成了重视学校环境美的传统。在西方，欧洲古老的大学也十分重视学校地理环境的选择，这与中国大学建设是相通的。近年来，随着我国各大城市的急速发展扩大，以往大学的地理位置有很多都成为闹市区，这就不再适合大学生的成长。部分学校开始在城市周边建立大学城，这些大学城既可以让学生的生活远离城区的喧闹，又可以形成自己的发展空间，建造一个更适合大学生成长的物质文化空间。

在改革开放的现代社会，我们并不提倡营造一个封闭的、与世隔绝的

"世外桃源",但我们也不能允许社会上的"污泥浊水"在校园中肆意泛滥,这就更需要我们积极创设一个良好的育人环境,加强学校文化的建设,以确保人才培养的有效性。在此,学校周边环境的优化与净化,就成为一个重要的内容。

(二)高校校园内建设的规划和布局

在高校物质环境文化的建设中,学校选址固然是很重要的一环,但学校内部的统一规划和布局更为重要,这是建设良好的物质环境的重要步骤和措施。学校内部规划、布局是一项系统工程,既要反应学校的整体风貌,又要考虑到教学生活的便利;既有利于学校的统一管理,又要使各个部分相互协调,发挥其最大效用……而这一切又都必须体现出环境育人的宗旨。因此,学校内部的规划与布局要遵循一定的规律,在总体设计上要符合"使用方便、流向合理、减少拥挤、避免干扰、节约时间、提高效率"的原则。具体来说,校园规划、布局要创造以下良好的校园环境:治学严谨的学习环境、生动活泼的文化环境、清洁卫生的生活环境、幽静宜人的自然环境。

总之,在进行学校建筑的设计时应体现以下原则:一是尊重历史,重视文脉;二是注意校园建筑的整体和谐;三是材料朴实,功能合理。

(三)高校校园的绿化和净化

优美的校园环境,能给人以美的享受。校园树木葱茏,红花绿叶,草坪如茵,整洁卫生,空气清新,舒适优雅,对于青少年学生来说,可以起到安定情绪、启迪思想、陶冶情操、净化心灵的作用。

校园绿化和园林景物布置是学校总体规划的重要组成部分,在设计总体规划布局时,就应该一起考虑,同时设计,同时施工。一座美丽的校园,不仅体现在建筑物上,同时也体现在景点、园林及绿化等方面。建筑物是否具有美感,与景点、园林、绿化的衬托密切相关,从而直接影响到整个校园的美感。各类学校都有自己的特点,绿化、景观等应结合当地实际,反应本地区的特点。但基本要求是讲究协调平衡与变化多样的统一。还要讲究点、线、面的结合，点要幽雅，线要整齐，面要宽敞开朗。

校园净化主要是指清除垃圾杂物，减轻噪声，做好环境卫生工作，使校园整齐、清洁、安静，促进师生的学习和工作。

（四）高校校园中的人文景观

学校物质环境建设最根本的目的就是寓情于环境之中，寓教育于景物之中。在物质环境建设中固然要着眼于自然、物质，但在学校这一场地则要求必须赋予自然、物质以及人文因素，亦即教育的期望和意图。特别要注意利用和创设一些校园人文景观，以强化学校文化的教育作用。这方面的内容主要体现在：充分利用学校已有的人文景观挖掘其独特的教育作用。积极创设学校人文景观，赋予其深刻的教育意义。巧借自然之物，达成教育之目的。

（五）学校文化传播设施

学校物质文化建设，不仅要注重校园物质环境的改造和创新，还应重视各文化设施的建立与健全。文化设施是任何文化都不可缺少的组成部分，是文化传播的物质载体，它对学校师生员工思想观念、行为的形成同样起着不可估量的作用。尤其是在信息社会的今天，学生不仅在课堂上、从书本中接受着对他们产生影响的教育信息，而且还在课堂以外的其他多种活动中，从各种传播媒介中接受了许多对他们具有教育意义的信息。学校文化传播设施既包括电视、广播、报纸杂志等传播工具，也包括图书馆、演讲厅、思想论坛、各种沙龙、外语世界等活动场所。

我们可以看出，学校物质文化的内容非常广泛，并且各自具有不同的作用。优良的学校物质文化氛围，既是情感的升华剂，又是无形的约束力，对身在其中的大学生身心健康发展产生着巨大的影响作用。

二、高校校园物质文化的特征

合理的高校基础设施建设处处流露着学校的办学理念和文化精神，是高校物质文化的主要内容。正因为如此，各高校在基础设施建设上极力加大投入力度，精心设计、详细规划学校的各项基础设施的布局和建筑风格等，力争在实现校园基础设施建设和校园内师生精神互动的同时，给全体师生以潜移默化地文化熏陶。

（一）高校校园内建筑特征

学校建筑是进行教育活动的基本场所，也是学校基本的物质条件。根据承担的教学活动内容的不同，学校建筑分为三要件，即研学要件、生活要件、活动要件。

学校建筑中的教学要件一般有教学楼、办公楼、实验楼、图书室、微机室、语音室等。近年来，随着科技的发展、计算机功能的增多、旧专业的调整、新专业的开设以及素质教育的推进，教学场所有所增加，尤其是实验楼、微机室等的建设，可以说成了很多高校建设的当务之急。学校建筑中的生活要件一般有宿舍、食堂、洗衣房、医院、百货店等，这些是学校教育活动重要的辅助和保障条件，其中高校标准化学生公寓创建体现了对学生生活的高度关注，营造温馨和谐的宿舍文化是校园文化建设十分重要的组成部分。让同学们在"家"的环境里，学会协作、思考和创新，通过不同的侧面展现他们在日常生活、学习、卫生等方面的良好表现，倡导构建和谐进取的宿舍环境，提高整个公寓的文明水平。积极向上、文明和谐的宿舍文化正潜移默化地对高校学生的素质养成产生着重要影响。

学校建筑中的活动要件一般有体育场馆、报告厅、影剧院、歌舞厅、广播电视站、花草道路、亭榭园林、山水风景等，这是让师生心情愉悦、陶冶性灵、修养品格、提高教学效率的重要条件。活动要件的教育功效具有潜隐性,不像教学要件和生活要件那样立竿见影。

随着教育大众化时代的到来,教育规模急剧扩大,但办学经费紧张、土地资源有限制约了校区扩张,所以大部分校区学校建筑中的教学、生活、活动场所普遍紧张。但是对于学校建筑来说,不仅需要足够的空间,而且建筑风格要有审美特性。如有些学校新建校区占地很大,但是疏于规划,建筑布局缺乏创意及审美意韵,毫无情趣可言,这样的学校建筑就不能很好地承担起校园文化建设的重任,对学生个性及综合素质的培养也就无从谈起了。

(二) 高校校园教学设施特征

图书资料收藏是高校教育设备的首要条件。购藏图书资料,数量要达到一定规模,保证师生阅读和检索的需要,图书资料的质量和规模是一所学校文化底蕴的体现形式之一。这是高校校园文化建设过程中值得高度关注的问题之一。针对合理建构高校生知识文化体系的教育职能和未来社会所需要人才的素质要求,图书资料建设一定要紧紧围绕优化高校生知识结构这一育人目标,既要包括自然科学类、人文社科类、综合学科类图书等全面类型,主要在突出学术性的同时兼顾通俗性、应用性;还要注意反映最新成果,保障教师的教学科研最接近理论前沿,让学生的学习和成长与时代同步。另外,通过中外文光盘检索系统和包括全文数据库在内的中外文检索系统的电子期刊数据库,宽带光缆接入大型数字图书馆,可大大增加检索图书资源量。

高校校园设施中的教学、实验仪器和办公设备也是不可不提的一个重要方面。加强学生的动手能力,强化学生职业素质,培养素质型人才,必要的实验仪器尤显重要。如果学校实验仪器陈旧、落后,与加强素质教育的校园文化建设的要求是不相适应的。随着高科技和电子时代的到来,许多新的实验仪器更加精密准确,应该在教学中尽快推广使用,使学生跟上科技发展的步伐。在教学中已被广泛使用的多媒体教学设备,能够利用音像综合效果大大提高学生的学习兴趣,能够突出教学的重点,吸引学生的注意力,如多媒体教学代表着现代教育教学技术的发展方向,应继续加快普及。办公设备是指教师和管理者在进行教学、科研和管理活动中使用到的设备,诸如办公自动化设备传真机、打印机、复印机、扫描仪等,又比如会议中使用的音响、桌椅、多媒体设备等,都充分体现着便捷高效的现代化管理特色。

体育设施建设在高校校园建设中的重要地位。学校体育是教育的重要组成部分,它与德育、智育、美育共同促进学生的全面发展和健康成长,形成高校生健康体育、终身体育的观念十分重要。发展教育,振兴体育,充分发挥体育在学校体育中的作用以适应社会发展和素质教育需要,这也关系到国家的未来,关系到我国建成体育强国这一宏伟目标的实现。学校体育是构成全面性和终身性体育的重要环节,而校园广大师生是校园体育文化的主体,体育设施建设是搞好体育教学、训练、竞赛,提高教学质量、丰富校园业余文化的前提,是搞好各项体育工作的保障条件。它是学校建设的有形部分,加强体育场馆、体育器材、设备建设,势在必行。文体设备是校园为学生在校期间提供的休闲娱乐或者运动的各类文体设施,如文娱设施有学生广播站、电视台、宣传栏、校刊等,体育设施有田径场、球场、游泳池、体育器材等。这些设备涉及高校校园文化建设中的文艺、体育、精神等多个层面,是传播时代精神、宣传校园主流文化、宣扬学校管理理念的重要渠道。建立现代化的、完善的文体设备,对于建设积极向上、勇于拼搏、健康文明的校园文化,对于丰富全体师生的课余文化生活,有着重要意义。

(三)高校校园物质文化是校园文化的物质形态

高校物质文化是高校精神文化建设的成果和物质体现,也是高校精神文明外在表现和物质基础。高校文化一方面体现在办学理念、办学方向、意识形态上,一方面体现在学校的物质建设上。

高校物质文化建设，应体现在校园建设、学科建设、教学科研设备建设、教师住房建设等方面。一所只有破旧脏乱的校园、陈旧落后的设备、拥挤不堪的住房高校，不可能去发展精神文化、制度文化。学校领导在高校建设和发展中，应高度重视物质文化建设，这是稳定教师队伍，建立良好的办学条件，确保教育质量提高的必要措施。在精神文化指导下推动物质文化建设，而物质文化发展又反过来促进精神文化建设，二者相辅相成，互为因果。高校物质文化建设为教育发展、提高教学质量打下了坚实的基础。

现代高校校园物质文化是校园文化的空间物质形态，是现代高校校园制度文化、行为文化、精神文化的物质基础，也是现代高校综合实力的一个重要标志。现代高校校园物质文化所包含的三个方面，即环境文化、设施文化、治学积淀及队伍文化，都有其独特的育人意蕴。因此，一所高校要持续提高办学水平，不断增强自身的竞争力。必须加强校园物质文化建设，充分发挥其育人功能。现代科学证明，人的心理是受客观环境制约和影响的，高校校园物质文化所蕴含的价值取向总是以不同方式直接或间接地影响师生的心理倾向和心理状态。因此，我们绝不能简单地仅从有形实体的角度去理解校园物质文化，而应从育人理念的视角去发现校园物质文化的育人意蕴。

首先是高校校园环境文化的育人意蕴。高校校园环境文化作为校园物质文化的重要组成部分，润物无声地影响着学校师生员工对生活的理念、对教育的希望和对自己存在的理解，具有潜在而深厚的育人意蕴。一是思想政治教育意蕴。高校校园内的每一处真正的物质文化均蕴涵有一定的道德追求、道德规范，能对师生产生巨大的道德潜化作用，提高他们的思想政治素质和艺术审美情趣。学生通过感性直觉把握校园物质文化的本质内涵，从而与校园物质文化建立一种非功利的精神呼应关系，从而得到一种精神满足和愉悦，使自身的道德素质得到提高。二是促进学生知识形成的意蕴。高校校园环境文化是一种特殊的物质文化，它积淀着一个学校乃至一个国家的历史传统、文化特点和社会流变的价值。它能够使学生通过对校园环境文化的解读，提高自己的社会智力，拓宽自己的知识面，增强适应飞速发展的社会的能力。三是审美教育意蕴。高校校园环境文化体现出一个高校的艺术创造力，不同时代的审美趣味和审美追求，给高校生以文明审美的熏陶。四是提高学生心理素质的意蕴。轻松、愉快、欢乐的高校校园环境文化，可以激发起高校生的情感活动，产生愉悦的情感，有助于学生身心的成长，培养学生丰富而健康的情感。

其次是高校校园设施文化的育人意蕴。在现代高校校园里，教育媒介主要是指图书馆、实验室和校园网等设施，它不仅是当前高校校园里从事高深学问的教学活动基础，也是开展科学研究工作、发展科学事业的重要条件。现代化的图书馆、实验室和校园网等，是一所现代化高校的物质基础。现代高校校园图书馆的基本功能是收集、整理、利用和保存文化。实验室或实践基地既是高等学校培养适应社会所需求的高级专门人才的重要基地，也是高等学校开展科学研究活动的重要基地。现代化的校园网，是现代高校校园物质文化设施中的重点和亮点，发挥着越来越重要的作用，它满足了教学科研和办公手段现代化的需要，更重要的是满足了师生汲取知识的需要。

再次是高校校园治学积淀及队伍文化的育人意蕴。治学严谨的育人传统、积淀深厚的高水平课程和学科专业。是高校存在发展的组织基础，是一个学校要在激烈竞争中立于不败之地必须秉承而不可忽视的重要方面。治学严谨的育人传统，是一个校园影响最大的非实体物质文化。是高校之所以"大"的重要无形物质财富。一支具有人格魅力、学术造诣、善于育人的教师队伍是育人的关键因素。教师在教育教学过程中的主导作用，表现为在传授高深学问的同时，以其人格魅力和治学态度给学生以深刻的影响。指导帮助学生把外在文化内化为自己的综合素质，使学生成为具有主体精神和创造力的人。梅贻琦先生说过:"所谓大学者,非谓有大楼之谓也,有大师之谓也。"也就是说,一流高校必须有一流教师,其核心是具有人格魅力、学术造诣深和善于治学育人的知名学术权威。

因此,一所高校要持续提高办学水平,在激烈竞争中立于不败之地,必须在搞好校园精神文化建设的同时,加强现代意义上的校园物质文化建设,营造一种特殊的文化氛围,充分发挥其育人意蕴。高校校园物质文化的建设,应以高校文化内涵的内容为主体,以学校性质为依托,充分利用学校场地的特质,彰显学校历史发展过程中的文化积淀,并且对其进行归纳、提炼和升华,将其融合到物质文化的各个要素中,以达到发挥物质文化育人意蕴的目的。

三、高校校园物质文化建设的意义

近些年来,各级各类学校都投入大量的人力、物力、财力,加强了校园环境的绿化美化和设施建设,校园的环境建设有了很大的改观。特别是高校的新校区建设如雨后春笋、此起彼伏,在高校扩招的同时,为适应新的人才培养目标要求,高校的固定资产也在成倍增加。高校已经充分认识到了校园环境文化的创建对学生的健康成长有着其独特的潜移默化地、深刻有力的影响作用。

(一)重视对校园环境文化建设是学校发展的需要

前些年来,特别是20世纪90年代以来,校园环境文化建设中出现了令人担忧的、必须引起高度重视的严峻问题。其一,是校园环境文化逐渐丧失作为独立于大众流行文化的精英文化所独具的鲜明个性和特质,无可抗拒地深受社会上商品化、通俗化文化的消极影响。高雅的校园环境文化出现了表层性、世俗性倾向。其二,随着群体意识的弱化,个性意识的增强和物态文化的诱惑,出现了理想追求的淡化和价值观念的紊乱。其三,自从改革开放以来，不少青年师生的思想观念和理论兴趣屡屡发生转移。所有这些现状，都不利于学校的发展和声誉的提高。

（二）营造校园环境文化气息是学校思想教育的重要阵地

校园环境文化具有特殊而多样化的育人功能。如果说教师和学生是教育教学活动的主角，那么学校校园环境文化好比是他们活动的舞台，缺少这个舞台，师生的活动就失去了依托，并将直接影响教育教学活动的进程和效果。

概括起来说，校园环境文化在学校思想教育中表现出以下几种功能：一是凝聚功能。学校环境文化建设的核心是树立群体的共同价值观，通过它的影响力在青年学生中形成一种无形的向心力和凝聚力，把青年学生行为系于一个共同的理想信念和价值追求之上，陶冶健康向上的审美情趣和文化品格。二是激励功能。不同的校园环境文化会将教育教学活动导向不同的境界和水平，产生不同的育人效果。良好的校园环境文化，必然会深刻地影响着师生的内心，激发师生的工作和学习热情，比起千遍万遍的说教方法，教育效果自然事半功倍。三是熏陶功能。学校按照审美的要求更加强化校园环境文化建设，这对学生的审美理想、审美趣味和审美观念的形成具有无形的熏陶、感染和潜移默化的作用。四是益智功能。校园环境文化对学生的智能发展具有促进作用。一般来说，丰富良好的环境刺激，可以促进智力发展，还能激发学生积极的情感，并以此来促进智能的提高，特别是学习兴趣的提高。以上功能的发挥表明，学校校园环境文化是学校积极开展思想教育的极好阵地，必须加强重视和强化建设。

（三）创设校园环境文化是实施素质教育的舞台

实施素质教育是一项复杂的社会系统工程，而学校是实施素质教育的主阵地。在这块主阵地中，创设校园环境文化是实施素质教育的极好舞台。学校要全面贯彻实施素质教育，除了各级各部门共同创造一个良好的社会大环境之外，同时也需要营造学校这个小阵地。学校在实施素质教育时，校园环境文化是一块不可缺少的方面。因为，校园环境文化阵地既可以培养学生的合作竞争能力、创造性思维和创新精神，也可以培养学生的艺术才华，以增强学生的集体主义精神及实践能力，可以使学生置身于一种自我教育、自我提高的境地，令学生在一种愉快教育、情境教育、和谐教育中健康成长。

总之，完善的校园设施将为师生员工开展丰富多彩的寓教于文、寓教于乐的教育活动提供重要阵地，使师生员工教有其所、学有其所、乐有其所，在求知、求美、求乐中受到潜移默化地启迪和教育。完善的设施、合理的布局、各具特色的建筑和场所，将使人心旷神怡、赏心悦目，有助于陶冶校园人的情操，塑造校园人的美好心灵，激发校园人的开拓进取精神，约束校园人的不良风气和行为，促进校园人的身心健康发展。这种能让大学生才华得到升华、能力得到培养、思维得到发展的校园环境文化创设实践活动，正是实施素质教育所需要的内容，高校应该也必须重视对校园物质文化这块阵地的建设。

四、高校校园物质文化建设现状分析

（一）建设困境

首先，存在没有展现特色的问题。高校物质文化建设直接关系到高校自我形象的外在展示。在教育快速发展的过程中，高校物质文化建设更注重校园建设的数量与速度，难以兼顾校园物质文化建设的质量。这种建设倾向造成校园的景观效果突兀，没有做到因地制宜，破坏了校园美感。当前一些高校校园物质文化未能展现好所在的地域文化、校园文化精神以及本校特色。这些重要的精神内涵没有在校园物质文化中显露出来，使得这些高校建设缺乏特色，千篇一律。

其次，存在忽视历史的问题。在高校校园物质文化建设中，更偏好形象高大、气派，偏重于现代化的视觉感受，忽略了校园本身所应该承载的历史文化底蕴。每所高校有着不同的建校历史、办学传统、教育理念、文化风格，因此每一所高校都是不同的。各个高校的历史不仅仅在历史传承中被人熟知，不同时期的建筑与景观也见证了高校的成长。许多高校忽视溯本求源，忘记了回顾历史。历史是最能展现高校特色的成分，悠久的历史传统和文化底蕴本身就是高校校园文化的重要财富，在建设中忽视历史是非常短视的。如果盲目追求建设的现代性，那么即使建设了极具现代性的建筑，塑造得也更似工厂，而非高校校园。

最后，存在功能职责不清的问题。许多高校在校园物质文化建设时，往往需要在有限的时间内完成很多的建设任务，受到时间的限制，往往要更重视保证教学科研设施和基本生活设施的硬性数量标准符合要求。由于高校重视程度不够，精力投入不足，就无法避免出现规划不当的问题。高校的设计分布上应该明确教学区与生活区的界限，不然就容易出现两者混杂的情况。随着高校自身的发展，会有新校区与老校区之分，此时更要保持建设的统一性与一致性，各个校区展现的高校校园物质文化应该趋于一致。目前高校校园物质文化建设存在缺乏科学与长远性规划的情况，受此影响会造成校园物质文化建设功能职责不明晰的情况。

（二）生成因素

从主观原因上来看，高校校园文化建设既不能够脱离所处社会的影响，还要保持正确的价值取向。高校的一草一木、建筑雕塑，都深受所处这所高校的教师与学生的影响，反映了校园师生们的共同价值取向，给师生以精神上的安慰与寄托。目前，高校校园物质文化建设存在缺乏自我价值选择的问题，过分注重功利性与实用性，忽视对高校校园物质文化的准确挖掘与认识，存在对建设定位模糊、把握不清的情况。从客观原因上，高等教育自身竞争激烈，许多高校一门心思在扩大办学规模、盖楼建新校区，超常规的建设速度是校园物质文化建设存在的突出问题，在短期内大规模扩张，会使得建设时难以仔细思考高校的未来发展方向。当高校建设考虑得更多的是扩张速度时，就将校园物质文化建设质量抛在了脑后。受到教育竞争与建设速度要求的影响，客观上限制并影响了高校校园物质文化建设质量。

五、高校校园物质文化建设路径思考

（一）善用自然营造环境

城市化进程的逐步加快，对于校园发展有极大的影响。应保护校园自然环境，通过塑造良好的校园生态环境使校园可持续发展。自然环境的美，也有利于激发师生感悟自然，保护自然的热情。现代高校大多偏好在风景秀美的地方建校，古代的学府也愿意选择在山水之间进行教学。不论是庐山下的白鹿洞书院，又或是湘江岸边的岳麓书院，崇尚自然自古有之。这些育人场所的选址与中华文明天人合一的精神是相一致的，体现了先辈的智慧。当今的校园物质文化建设也不能脱离自然环境之外独立存在，必须要与四周环境打好配合。有许多高校本身就依山傍水，珞珈山在武汉大学内，华中科技大学更有"森林中的大学"的美誉。

古代名人雅士寄情山水，读书讲学，大多愿意在风景秀美的地方流连。"蓬生麻中，不扶自直""借山光以悦人性，借湖水以静心情"等名言，都是我国先贤在阐述环境对于培养人的熏陶作用。优美的环境能够塑造人，使人更好地感悟与接受教育。因此，现代高校的物质文化建设也不能孤立存在，在设计的过程中要始终注意把握整体与部分，整体设计与周围景观环境的配合，仔细处理高校建筑与自然环境的衔接关系。

（二）承袭传统展现历史

校园物质文化建设不用拘泥于具体的形式，古建筑与现代建筑完全可以共处在同一空间，相得益彰，不同风格的建筑可以使校园更加丰富，层次更加鲜明。事实上,世界名校都在校园物质文化上做出了极大的努力。以英国牛津大学为例,建校以来,保留了无数具有历史和纪念价值的文化遗迹,这些都构成了牛津大学的一部分,成了校园的特色,展示了校园的历史底蕴与风采,会激励一代又一代的学生突破自己,不断追求进步。

在高校校园物质文化建设中,也要注重展现校园不同历史阶段的情景,注重把握历史脉络以加深师生对校园的印象,促进师生了解高校的历史,从文化传承角度使人了解学校的荣誉与历史,这种方式能给观者以自豪感和使命感。正如苏霍姆林斯基说的"要让学校的每一面墙壁都会说话"。想要打造良好的校园环境,为学生的教育做出贡献,就必须不断完善与美化环境,以塑造良好的学习氛围。不仅要结合本校的特色办学理念,对于历史传承也要有所考虑,毕竟校园物质文化建设可以更好发挥校园文化的精神内核,塑造利于师生身心健康的氛围。

(三)融入红色文化

不仅是古建筑可以展示历史的底蕴,红色文化作为能代表中国特色的文化,蕴含着我国革命文化传统,也是校园文化建设的重要内容。因为我国的教育必须要时刻明确意识形态属性,把握正确的政治方向与政治原则。因此我国的教育也必须植根于中国大地,始终不能脱离中国特色。在这样的情况下,在高校校园物质文化建设中融入红色文化是激发教育活力的有效举措。通过在校园内营造蕴含红色文化的校园景观,不仅可以通过这种方式为校园物质文化建设增添活力,更可以在这样的过程中传承革命历史,延续红色基因。比如可以通过建筑、雕塑的形式来弘扬红色文化。山东师范大学的毛泽东主席雕像就是学校独特的标志性建筑;国防大学校园内的精忠报国雕塑园刻画了我国很多爱国志士;中山大学建立了孙中山纪念馆,展示了与孙先生相关的珍贵文物与资料,使师生印象深刻;还有南开大学的校钟,曾一度在抗战时被日寇炮火所毁坏,多年以后重铸,在开学毕业典礼上都会敲钟以此来铭记历史。

各个高校在校园物质文化建设上侧重不同，但都或多或少融入了革命文化、红色文化。值得注意的是，将红色文化融入校园文化建设时一定要采用恰当的方式，把抽象的红色文化以具体的雕塑、建筑等方式展现出来，给学生以更加直观的展现。同时可以运用多种宣传方式和宣传手段，如可以利用学校的板报橱窗来张贴宣传标语，随着时间点变化来适时更新红色文化教育内容。通过这样一系列举措，使广大学生在景观与红色文化的大氛围中体会到开拓进取、无私无畏的精神。将红色文化与校园物质文化进行有机结合，在这样的熏陶下也能够培养学生树立艰苦奋斗的精神。

（四）彰显本校特色

校园物质文化建设中，除了注重融入红色文化，也可以通过正确运用色彩来展现本校特色。不同的颜色会给观者以不同的心理暗示。由于视觉上的感受是直观且具有冲击力的，这意味着在进行校园物质文化建设时必须要考虑到色彩搭配的和谐。最具盛名的"哈佛红"就是如此，校徽与哈佛大学内各式建筑整体采用深红色，这种标志性的色彩应用也成了这所高校的极佳宣传手段。因此在进行设计时，除了注重传承历史、表达文化以外，还要注重不同材质、色调运用、植被配合、虚实结合等设计手段，以此来赋予建筑以新的活力，展现校园特色，打造校园和谐美丽的形象。

各个高校的办学理念都各有不同。每所高校都会有自己的特色与优势，比如优势学科和特色专业，继承和发展专业优势能够准确把握自己高校的特色。许多学校的名称就明确了教育服务对象，如师范类、石油类、医学类、林业院校、农业类等，这些高校都在社会发展中发挥着极为重要的作用，因此我们也可以以本校优势专业为依托，打造专属本校特色的高校校园物质文化，更好地展示学科活力与优势。在此基础上进行校园文化建设，会更有方向与底气。高校领导要对大学的校园文化有更加准确的认识，从长远角度进行考虑以培养本校的校园文化。

校园物质文化的种种建设实际上都是校园文化的具体展现，因此没有对本校校园文化的深刻把握就无法建设出能体现本校校园文化精神内核的校园物质文化。而不对校园文化进行深思熟虑就实施的建设，也只不过是材料的堆砌，是一堆缺乏内涵的空壳。

以植被为例，武汉大学的樱花就闻名遐迩。各所高校都可以找到富有特色又极具美感的植被来美化校园，南方可考虑桂花等，北方也可以用梅花、四季常青的松树等来装扮校园。又或者民族大学可以将少数民族的风情融入校园的建筑中，如民族地区的服装、纹饰，都可以成为校园物质文化建设的特色元素。西南民族大学就在原博物馆基础上打造了"民族博览中心"，成为学校宣传教育的重要场所。不同的民族特色可以在校园中彰显融合与和谐包容的办学态度。在进行校园物质文化建设时，为了更好地以文育人，必须更加明确文化传承并找到适合校园特色的建设方案。

（五）发挥雕塑的育人作用

如果说像教学场地与体育场地都是校园物质文化建设的必需品，那么能在其中锦上添花的一定是雕塑。雕塑作为一项艺术品，本身立意与主题都十分鲜明。在高校校园物质文化中，最出彩的也往往是各色雕塑。雕塑，不仅是一种表现设计者精神的作品，用时也承担着给观者以正面情绪表达的宣传载体。而高校中的雕塑，不仅仅是一种意识表达载体，更要从整体性和协调性上对高校校园文化予以展现，才能令广大师生有记忆点，有所思考，有所感悟。每个大学校园中的雕塑都要迎接来自五湖四海的莘莘学子，因此除了要传承校园文化，高校雕塑的另一个共性就是要展现校园包容的胸怀。

俄罗斯的莫斯科大学，校园中的雕塑涵盖了很多在科学、艺术等领域颇有造诣的名人，其中还展示了我国的祖冲之和李时珍。雕塑是校园物质文化中浓墨重彩的一笔，能够切实提高校园内的艺术氛围，不断引领正向积极价值观走向师生，增强高校团结。除了雕塑以外，名人故居、镌刻校训的题字、牌匾，这些不拘形式的设计表达都是为了更好地教育学生。

因此，为了更准确表达与承载高校的校园文化，就必须将其与高校办学风格深度融合，才能更好呈现文化的内核。

（六）体现地域特点

中国地大物博，每一个地域都有自己特色的历史与文化。正因为我国的土地广袤，也使我国的每一所高校都有着独特的地域背景。因此，在建设校园时，一定要抓住自己所在地域的文化与精神内核，充分与本校的办学理念相融合，对历史文化进行梳理与整合，才能独树一帜，避免设计上的雷同。如此，在对学校进行建设时，不仅对于学校本身是好事，对于所在的城市而言也是极好的宣传名片。

在进行校园物质文化建设时，倘若能够更好地与地域特色和城市文化加以强强联合，对城市与高校无疑是一次双赢。不论是上海的同济大学，还是厦门大学、南京大学、北京大学，这些高校在成为育人摇篮的同时也是所在城市十分出名的景点，无形中为所在城市增色不少，带来了知名度与旅游吸引力。地域特征既能鲜明展现所在地的文化与历史传承，也能赋予校园以新的生机使师生感受到亲切与舒适，能提醒师生牢记历史，还能形成对所在学校和所处城市的归属感，更能有效凝聚师生的心。以浙江大学紫金港校区为例，它的建筑设计与杭州城市息息相关，给人以美的感受又极富亲和力。

在进行校园物质文化建设时，要注意利用所在地域的特色优势。南方高校可以将地域特色很好地融入校园基础设施建设中，如徽式建筑风格的校史馆。校园特色的呈现脱离不开所处城市，作为所在城市的育人场所，两者不可分割，高校校园物质文化建设也要对所在地的文化有所考虑有所吸纳，才能有的放矢。

（七）重视网络物质文化平台

网络物质文化平台也是高校物质文化建设中不可缺少的重要环节，其发展状况也直接体现了高校的数字化和信息化程度，更体现了其管理服务能力。高校网络物质文化平台建设，不仅是高校校园物质文化建设的需要，更是高等教育大众化的需要。各高校目前都在致力于建设更加完善的网络物质文化平台，以加强校内资源整合、校外资源联动，推动信息有效传播和搭建服务沟通一体化平台。现有的数据系统要更加充分地利用并不断进行完善与升级。如便于学生选课的选课系统、教务服务系统、人事系统、财务系统、后勤保障系统、图书馆系统、宿管系统等。高校能够在这样的建设下，逐步实现办公自动化，提升办事效率，提高管理水平与决策水平。一个运行良好的网络物质文化平台能够促进高校管理的科学化与透明化，促进管理一体化，更能提升工作高效性。

以网络物质文化平台为基地，能够塑造正向积极的校园文化氛围。母国光先生曾经说过："办大学就是办一种氛围。"和谐包容的氛围，不仅能抚慰学生的心灵，更能帮助学生减轻压力。在网络物质文化平台建设上要注重建设的持续性，不断加强内容建设与人员配备之间的平衡。在网络物质文化建设上更要注重维护和后续资金保证，不仅要保障内容的及时性，形式的多样性，更要注重人员培训与相关应用的及时更新。同时在知识产权受到有效保护的前提下，也要推动高校教育资源的网络化进程。并且可以打造具有本校校园文化特色的网站，高校网站在文化渲染、文化挖掘、表现上都是大有可为的，不可忽视其教育作用。

高校校园物质文化建设在塑造和谐校园氛围，展现高校风采、传承文化、服务学生等方面都有极强的效果。现在各个高校在建设校园文化上，都更加注重校园物质文化建设，从设计到整体布局，意在以草木、雕塑、景观设计等方面为学生更好地接受文化熏陶与精神洗礼做好准备。校园物质文化建设区别于城市公共空间的建设，在建设时不能忘记高校的教育内核。这些校园物质文化的具体表现形式都必须与校园本身具有极强的联系，并不能越俎代庖、过于张扬。高校校园物质文化建设可以包涵多种多样的形式，但必须紧紧围绕校园主线，讲好校园故事。完备的校园物质文化，对促进学生努力奋斗、奋发向上、爱校爱国，乃至培养学生发现美与感受美都有很多的帮助，能够从德育和美育两个方面感化学生。在保证校园美感的前提下，不仅要保留校园的历史文化特色，更要注重时代特征，展现现代校园的美丽。校园物质文化建设者要跟随新时代的脚步，不拘一格细心设计、创新形式，根据师生需要，创造具有特色的和谐校园。

第三章　校园文化的育人理论

大学是优秀文化传承的载体和思想文化创新的摇篮，在提高国家文化软实力、实现中华民族伟大复兴的征程中不断发挥重要影响力。作为文化自信的践行者、引领者和承载者，高校应始终把文化作为立校传承与发展创新的重要根基。"以文化人、以文育人"不仅是一个时代命题，也是高校落实加强和改进新形势下思想政治工作战略任务的关键内容。高校应当做到因事而化、因时而进、因势而新，一方面充分挖掘、传承和弘扬学校的校训、文化传统和学校精神；另一方面也要把"文化引领""文化荣校""文化服务"等作为学校"双一流"建设的重要策略，坚持社会主义办学方向，培育和践行社会主义核心价值观，不断增强师生的责任感、使命意识和担当精神，以独具特色的学校精神和文化创新引领学校发展与社会进步。

第一节　校园文化育人的要素

文化是一个民族的血脉，是民族和人民的精神家园。文化无形胜有影，人从文化中汲取养分，人同文化的关系就如同鱼和水的关系，互相促进，密不可分，鱼只有离开了水才能感受到水的重要性，文化觉悟也是如此。文化会随着社会物质生产的发展而发展，健康向上的文化都是伴随继承人类文化遗产和社会实践的基础上创造发展起来的。随着人类物质条件的提高，当达到较高的水平时，人们对精神和文化的渴望更为迫切，人们对文化的认识逐渐深化。随着社会的发展，大学和大学校园文化开始引起人们的关注。

一、校园文化育人的重要性

校园文化是学校特有的文化现象，是一所学校长期的教育实践中创造并积淀下来的，也是全校师生所认同的价值观念、目标追求和行为方式，一般分为理念层面、制度层面和物质层面。理念层面的校园文化是校园文化的核心，反映学校的理想信念和价值追求，是校园文化的精神和灵魂，也是制度文化和物质文化的思想基础；制度层面是校园文化的具体物化，是广大师生员工所公认或者必须遵守的规章制度和行为准则；物质层面是校园文化的外在表现，通过制度文化规范不断提炼、不断融合，将理念文化展现出来所得到的。校园文化是从长期的实践活动中累积的，是大学得以生存和发展的重要根基，是历经自身积淀并具有大学专属特征的一种文化形态，是在对社会文化不断分辨、吸收汲取的基础上融入大学意志，并以独特观念的形态呈现的文化现象。校园文化是各所大学互相区别的重要标志，具有专有性、稳定性、标志性、延续性，是一所高校的灵魂。同时，校园文化作为国家整体文化的重要组成部分，也是一个国家、一个民族整体文化的命脉，是社会文化发展的"指南针"，能真实地折射出社会文化的整体发展进程；它更是社会文化的"助推器"，在参与社会文化的传承、创新、传播、发展过程中需要扮演更加重要的角色。

大学是优秀文化传承和思想文化创新的重要组成元素，它承担着引领社会先进文化、推动人类文明进步的重要使命。良好的校园文化，不仅可以增强高等学校德育工作的针对性和实效性，而且对培育中国特色社会主义事业的合格建设者和可靠接班人具有重要且深远的意义。《中共中央国务院关于加强和改进新形势下高校思想政治工作的意见》（中发〔2016〕31号）中指出，积极向上的校园文化活动，提升校园文明程度，引导大学生勤学、修德、明辨、笃实。校园文化建设的宗旨是提高大学生的综合素质，创建以人为本的和谐校园文化环境。加强和推进大学校园文化建设，是贯彻落实《国家中长期教育改革和发展规划纲要》的重要方针，也是对党的十八大以来对"文化强国"战略的践行。

育人功能主要体现在校园文化不但能使置身其中的广大师生在生活、学习等各方面都得到熏陶和感染，引导他们建立符合时代社会要求的价值观，还可以规范师生的思想和行为方式。首先，与大学日常教学实践活动强调"灌输性"不同，校园文化的教育功能更多表现为它的隐蔽性、人文性、暗示性和渗透性。校园文化能够使生活、学习、工作其中的人在不知不觉中接受教育，并内化成风尚、习惯、规范，从而带上校园文化的印记。其次，与校园文化的社会性功能和情感性功能相比较而言，育人功能虽然在一定程度上也表现出对学生社会化和个体情感化的关注，但它更多强调的是"文化育人"的精神文化氛围。好的校园文化可以促进学生成长进步，同时也使教师教学科研和职工工作有了良好的外部条件，并且在大学师生的心理意识、行为观念的形成和发展过程中也承担了重要功能，如聚合、导向、娱乐和育人等，其中，育人功能是核心。因为，大学以育人为本，育人是大学的最根本功能，是大学的固有属性，也是人学存在的定律，若脱离了育人，大学就不能称其为大学。虽然校园文化的其他功能也都表现出育人的特点，但"育人"的要义不只在于让学生掌握一门专业知识和技能，更重要的是在掌握知识的过程中让学生学会做人做事，提升其文明素养和个人修养，做一个全面发展、身心健康的人。

大学的根本使命是培养人才，大学的每一项工作都与人才培养质量密不可分。作为高级人才培养主阵地的高等教育，理应以社会对人才的需求为出发点，探索和构建相应的人才培养模式，促使高校毕业生高质量地充分就业。显然，为构建适合人才培养而形成的校园文化就显得尤其重要，特别是在大学教育日益普及的今天，繁荣发展校园文化对于我们不断创新教育模式和优化育人环境势在必行。大力推进素质教育，全面提高学校教育工作的针对性和实效性，将对社会主义建设事业培养和输送高素质人才、推进社会文明进步等方面意义重大。我们要充分认识大学校园文化的育人功能，努力建设具有时代特征和富有特色的校园文化，不断满足社会经济发展的需要和国家对创新拔尖人才的需要，不断满足人民群众日益增长的物质文化精神的需求，培养高素质的创新人才。我们要高度重视校园文化建设，充分发挥校园文化的育人功能，促进教育质量不断提高，培养出更多高素质的创新人才。

二、校园文化育人的表现

大学文化是由相关要素关联构成，其中包括：大学理念、大学精神、大学价值追求、大学制度和大学环境在内的一切文化要素，这些构成了校园文化的生态系统。总体上说，校园文化承担着为社会大文化建设培养德智体美劳全面发展人才的历史重任，潜移默化地影响着身处其中的学子们。将这些因素概括起来，无外乎大学校园文化因受不同群体价值取向的内在支配而趋向分散化和多元化。随着社会的进步，大学校园文化的表现形式，可以从两个方面来进行阐述：一是从精神层面来建设"无形"文化；二是从行为、物质、制度层面来建设"有形"文化。具体来说，大学校园文化就是指生活在高校中的教育者、受教育者及行政人员等在长期实践办学中逐步体现出的具有学校特色的物质文明和精神文明。校园文化应当包括优美的校园环境、科学的管理制度、良好的校园风气，以及丰富多彩的文化活动。这就要求一所大学要有整体并合理的科学规划，建设有完备的基础设施、存在着蕴含高校精神的人文景观，以及满足广大师生所需的服务设施，并且还要总结凝练出自身的办学特色、科学的管理制度、浓厚的学术氛围，以及独具特色的校园文化活动。

大学校园文化建设可以说是一项庞大的系统工程，在构成校园文化的物质、制度、行为、精神等多个要素层面上形成自己的文化，已经成为各高校努力探索和追求的目标，也是各高校打造教育品牌、塑造独特形象、形成竞争力的基本途径。

（一）大学校园物质文化

校园物质文化是高校校园中的显性文化，它主要是将各类实体的存在表现成一种文化形式，是大学校园精神文化活动的重要物质载体，也是大学校园文化的重要外在表现。

第一，校园特色物质文化建设要进行科学合理的规划。大学的物质文化尤其是校园环境对师生审美情趣、道德情操具有潜移默化的影响。很多大学在修建之时，仅仅重视基本保障，很少有高校对自己的物质文化特色进行深入的考察和论证。物质文化的建设既要从宏观入手，体现整体建设的一致性，也要注重对学校沉淀的历史文化加以体现。假如没有整体布局规划，"拆东墙补西墙"，顾此失彼，就会使校园环境在布局上出现缺漏。

第二，大学在办学实践中，由于时代、条件、背景、目的不同，每所校园物质文化建设都会拥有不同的特色，折射出当时所追求的精神风貌和理想信念，而那些保存至今的建筑物也成了校园人奋斗的历史见证。因此，我们更是要将一所大学的历史烙印深深地刻在校园物质文化建设中。

第三，要正确处理好一所大学的行业属性。高校的有些本身属性可以以物化的表现形式加以展现。这种具有高校属性的物质文化建设可以分为基础型和本质型两种。基础型物质文化指伴随着高校的发展需求而去调整的物质文化，可以概括为实验设施、操作模型、网络系统、专业前沿刊物等。本质型物质文化是指高校校园物质文化中体现的优势属性，它是无论在形式上还是内容上都能够充分体现一所高校的优势学科，并在较长时间保持稳定的校园物质文化。这种具有高校优势属性的物质文化建设体现了高校的办学目的和意义，是最直接最可靠的"物化育人手段"。

第四，网络媒体是一种新兴的文化平台，它现在已经成为21世纪大学生生活的重要组成部分，时刻在改变和影响着学生思想、道德和文化理念、文化认同等方面。高校大学网络文化建设应以引领校园办学理念为宗旨，以占领和开拓网络文化建设主阵地为主要模式，将教育、管理、服务、实践四大功能融为一体，通过网络平台，展示学校风貌，更深层次地挖掘校园文化，实现全面育人。

（二）大学校园制度文化

大学制度是一个内容丰富、结构复杂的体系，行政管理体制是学校制度的核心，决定和制约着其他制度，它是维系高等院校正常秩序中不可缺少的重要保障机制。在长期的办学实践中，科学的制度会继续传承下去，而不合科学时宜的制度则会被剔除、改造或创新，形成较为完整的管理体制。大学制度建立在国家相关的法律法规、国家制定的方针政策，以及地方政府可教育部门的规定基础之上。在确立过程中，有效地结合自身发展过程中的经验，或借鉴其他大学制度的合理成分，它的建立主要是为了约束、规范和保护校园成员的行为与利益，以维护大学生日常的学习和生活。这些制度是学校组织和管理活动行使职权的依据，只有有据可依、有章可循，校园中的一切学习、生活和工作才能杂而不乱、井然有序。大学制度文化建设是一项复杂的系统工程，它体现了高校管理者的价值取向、信仰追求。

第一，保障高校有序运行的大学章程。科学的制度保障对大学校园文化建设具有统领作用。而大学章程必然是大学制度文化建设的重要组成部分，它对学校其他制度建设起到统领性作用，它是大学办学的纲领性文件，是大学精神文化的必然产物。对大学章程的制定，首先，要解决一所大学的办学定位，真正能回答"怎样建设一所大学，建设一个什么样大学"的基本问题。其次，要彰显学校行业特色学科建设与发展机制。加强学科建设是提升大学核心竞争力的根本着力点。最后，要探索建立个性化人才培养机制。大学组织管理制度的制定是大学特色制度文化建设的重要途径，它是对学校愿景、办学特色的凝练，也是整合办学资源、落实发展措施的重要手段，它既能增强学校对师生员工的约束力、吸引力、凝聚力，又能增强师生员工对社会文化的自控力和辨别力。

第二，探索一系列管理制度文化建设。首先是教学制度文化建设，教学工作是高等学校的中心工作，要充分调动教与学两个方面的积极性，遵循"导向性、自我约束力和人性化"，创设出科学严谨的教学层面的制度文化。其次是科研制度文化建设，在认真研究学科发展规律、科研人才成长规律的基础上构建长效性体系、评价指标体系和制度体系。最后是人事制度文化建设，根据不同的办学特色和不同职称的教师，制定出符合职业发展规律的考核体系和培养选拔模式，以及学生管理制度文化建设、实验室制度文化建设等。

第三，核心是广大学生的德育教育。以学生为本是制度文化建设的第一要素，首先，要紧抓大学人才培养方案的制订，使学生的培养更符合社会需要和人才培养机制。其次，要将德育、智育与美育等有机结合起来，以校园文化引导大学生立言文行，做到内化于心，外化于形。在制度文化建设中更应该倡导以德立校、依法治校，从制度到实践，促成道德内化。

（三）大学校园行为文化

大学校园行为文化是大学作为一个组织存在的文化根基，是大学的核心竞争力，它具有吸引力和开拓力的特性，是建设校园文化的活力之源，亦是一种可以潜移默化影响学生的教育力量。

第一，教师的榜样力量。大学校园行为文化是推进校园文化建设的主要载体，教师是主导，学生是主体。正所谓"亲其师，信其道"，大学教师的人格魅力、信仰坚定、知识渊博，使学生对教师产生敬佩感、依赖感、亲切感和信任感。学生会把对老师的这种认同带到自己的学习生活中去，从而对学校的规章制度、校风、学风产生强烈的认同感，从而激发依赖感、归属感和荣誉感，对学校产生热爱，以榜样力量激励学生渴求知识、探寻真理的欲望。

第二，学生社团是大学校园文化的主要表现形式。社团活动是课堂教育的补充和延伸，它在塑造大学生健康人格方面扮演着重要的角色。学生社团活动为大学校园带来无限生机，通过参加社团活动，学生会发现自己课程以外的学术兴趣和才华。参加社团文化活动是大学生进行自我学习和进步的良好渠道，在社团活动中，有些活动是在教师的指导下开展的，教师在学识、人格方面的魅力也会对学生产生潜移默化的影响。在参与活动中，学生不仅能够明确自己的爱好和特长，也会在活动中相互帮助和激励，从而促进人际交往能力的提高，有助于人格的完善和发展，从而树立正确的价值观。参加学术型社团活动可以培养大学生的创新精神和实践能力，实用型社团活动可以帮助大学生弥补知识和能力的缺陷，完善学生多方面立体型的知识结构，娱乐型社团活动能帮助学生缓解其内心的紧张情绪，从而使机体得以平衡，缓和学生存在的不良困惑和压抑，帮助其恢复正常的情绪和情感状态。

（四）大学校园精神文化

大学校园精神文化主要是指学校在长期办学过程中形成的文化观念。

第一，一所大学的文化传统、精神氛围、理想追求、人文气象是最具凝聚力、向心力和生命力的，是一所大学最具特色的标志。大学精神的提炼，既是历史传承的积淀，同时也是现实的积累和创造，它包含着哲学思辨、精神倡导、价值取向、理论导向、舆论引领等多重文化内容，是一所大学的精神支撑和力量源泉。大学精神具有一所学校特有的精神力量，它的内涵和特征是几代大学人价值体系的凝练，对大学的办学方向起着导向作用。由此，大学精神是一所大学校园文化的核心，而大学校园文化直接体现着一所大学的大学精神。大学校园文化是出现在大学校园里的一种文化现象，它是以大学精神为核心和导向，在大学的发展积淀过程中逐渐形成大学思想。如果没有大学精神的引领和支撑，那么大学校园文化建设就会失去目标，偏离正确的发展方向。

第二，校风、校训代表的是一所大学的形象，是大学精神的显性标志。大学精神往往凝练在校训里，体现在校风中。大学精神最具生命力，体现了大学的办学理念。大学精神一经形成，跟大学文化一样具有相对的稳定性、较强的融合性和渗透性，是高校发展的底蕴所在。校风是一所大学全体师生员工行为规范和精神风貌的集中体现，对校园人具有强大的同化力、感染力和约束力。校风主要包括教师的教风、学生的学风和管理与服务人员的工作作风，一所大学的校风秉承的是大学精神。校训是大学精神的凝练，是对一所大学办学理念、人才培养目标和精神文化的高度概括。例如清华大学的校训"自强不息，厚德载物"，北京师范大学的校训"学为人师，行为世范"，哈尔滨工程大学的校训"大工至善，大学至真"。大学校训的内涵不仅体现学校的历史传统，也应符合现代大学精神的追求，能被校园人所普遍认同，并成为他们共同的文化自觉和精神追求，言简意赅、独具特色的校训，是一所大学鲜明个性特征的体现，是大学精神的凝练，对学生具有很强的教育意义。

（五）大学校园生态文化

大学校园生态文化不仅是一所大学的建筑、道路、花草树木等，更多的是这所大学所包含的历史、文化与内涵，这些抽象精神通过具象的建筑、景观及环境表现出来，形成独一无二的赋有深意的校园生态文化。如果给校园生态文化下一个定义的话，它应该是指教师、学生和管理者在作用于校园和与之相关的社会环境的过程中共同传承和创造的精神成果的总和。它能直接反映师生的思想观念、价值取向、团体意识、群体形态和行为体系。校园生态文化的表现形式是上述四种文化相互协作的结果。

第一，物质文化。世界是物质多样性的统一，物质决定精神，精神反作用于物质。从本体论的意义上讲，物质是本原，是第一性的，而精神是派生的，是第二性的。体现在大学校园生态中，物质系统仍然是第一性的，决定了文化系统。但是，大学校园生态系统不是天然自然，而是人工自然，学校对于校园环境的改变，校园主体的影响等，都使得大学校园生态具有了"人化"的特性。例如，教学楼本身虽然是砖瓦构造，但是其设计和完成都要经过人的实践，从这个角度来说，教学楼不再是单纯的物质，而是物质文化的象征了，这其实也蕴含了中国传统文化中的"天人合一"思想。

第二，精神文化。与物质文化对应的自然是精神文化，这其中包括了大学的传统、大学的精神、学术文化等主流文化，也包括了网络文化等亚文化。精神文化本身是封闭与开放、一般与特殊、内部与外部的统一。这是因为由于时空限制，精神文化是以大学校园作为基本活动范围的，但是校园又具有开放性，就会与社会文化发生碰撞。社会文化作为强势文化，会在很大程度上影响校园精神文化的变迁。但是，由于精神文化在特定时空中具有排他性和主导性，又能保持自身的相对独立性。

第三，制度文化。从概念上讲，制度文化是指在大学发展的历史进程中，校园主体共同遵守的办事规程和行为准则，以实现资源优化和效益最大化。大学校园生态系统内部结构的存在、运行程序和外部功能等都需要通过制度的形式予以明确，但是制度的存在并不意味着效用的发挥，需要校园主体去制定、修改、完善、执行和反馈。制度文化的形成会促进物质文化和校园文化的发展，最终实现大学校园生态系统的平衡和发展，具有保障性的作用。同时，制度并不是完全意义上的主观建构，而是"合规律性"与"合目的性"的统一。

第四，行为文化。行为就是人们日常生活中所表现出来的一切活动的总和。按照行为主义的观点，行为与思想之间是派生与本源的关系，通过行为判断思想是完全可能的。在校园里，学生的道德素质和学术修养等都通过行为来展现。例如有的大学校园里，经常可以看到学生在公开场合有过分的亲密行为，这就通过学生的行为体现出了学校的风气；有的大学校园里则是有晨读的传统，每天清晨都有大量学生在花园里学习。行为文化是高校管理者判断学生基本情况的调查表，是连接现象学意义上的认识与认识对象的枢纽。

这四种文化之间常常是互相依赖、互相影响、互相制约和相互统一的，它们共同构成了大学校园生态文化。

第二节 校园文化育人的机理

高等教育作为文化传承的重要组成部分，不但是文化大发展的重要载体，而且是民族文化创新的基地。高校不仅是传承、传播和创造先进文化的重要场所，还承载着为党和国家培养优秀人才的重要使命。因此，大学建设必须牢固树立文化育人的理念，把握文化育人的时代内涵，融合多元文化，深化对文化实践的认识，让良好的校园文化成为学生的价值向导，不断推动对文化的认识、观念，不断鼓励学生创新实践，继往开来。

一、校园文化的育人内涵

校园文化是大学育人的软实力，校园文化不仅体现在教书育人、传道授业，更体现在营造学校的文化氛围、积累文化底蕴使其影响学生的道德修为、精神面貌，进而影响整个社会的道德风尚和文化氛围。新形势下，社会多元思潮剧烈冲击着学生的思想与心灵，校园文化育人面临全新的挑战与机遇，需要对校园文化育人的内涵有更深刻的把握，才能有力提升校园文化育人的质量与水平。

（一）培育精神文化，实现文化认同

大学的精神文化是大学文化的核心内容，是大学发展历程中积淀下来的宝贵财富，是大学社会声誉的突出体现，更是彰显大学特色的旗帜象征。在培育大学精神文化的过程中，重在实现凝聚广大师生思想意识的文化认同，使全体师生形成共有的价值观念、理想追求、心理素养、道德修为、思考方式、行为准则等精神层面的价值取向。在多元化思潮的背景下，高校要进一步明确精神文化的内涵，积极宣传文化特色，创立自身的精神文化品牌，以学生喜闻乐见的活动为载体，传播精神文化的育人理念。党的十八大明确了"倡导富强、民主、文明、和谐，倡导自由、平等、公正、法治，倡导爱国、敬业、诚信、友善"的社会主义核心价值观，为文化育人的方向提供明确的引导和指示。高校一方面要明确社会主义核心价值观的内涵，将其内化为学校精神文化的一部分，注重校园诚信和学术规范的建设。另一方面要提炼出特色精神文化的精髓，如校训、校歌、校徽、校旗、校史等，将学校的办学理念和特色文化与时代背景相结合，进一步明确学校的发展定位，展现出学校富有朝气的精神文化。

（二）丰富物质文化，实现文化熏陶

与精神文化相对，物质文化是指为了满足学生学习、生活、成长等方面的需求所创造出的物质产物和文化氛围，物质文化不仅是大学文化的外在体现，还是弘扬精神文化的重要保障。丰富物质文化的目的在于，以优美的文化环境、良好的文化氛围，为学生的成长成才提供物质基础，为精神文化的传承与积淀提供物质载体，为师生学习、生活、工作提供文化熏陶的环境，物质文化体现在学校的建筑风格、基础设施、图书资料、仪器设备、雕塑盆景、地标建筑、广播报刊、网站论坛等，通过校园环境、人

文景观的建设，让学生感受到学校独特的文化风格，营造独特的校园文化氛围。新形势下，新媒体在学生群体中的广泛普及，使物质文化外延到网络平台，学校的网络社区、自媒体、网络公共平台作为学校文化氛围的组成部分，承担着愈加重要的文化熏陶功能，学校必须注重网络新媒体平台文化的建设，为网络平台的运营提供物质上的支持和保障，更多地深入师生生活，宣传精神文化，使学生在接受网络信息的同时，接受校园文化的熏陶。

（三）建立制度文化，实现文化引导

大学的制度文化是指维系大学运行周转、指导学生行为规范的政策、制度、法律等规则体系。大学的运营，不仅需要坚实的物质基础，还需要严格的制度管理。高校校园文化影响着大学制度的形成，制度的背后是文化使然。制度是文化的体现，反过来，制度也是传播、创造精神文化的重要保障，要维系一个组织高效、有序、规范地运行，必须有一个合理的制度体系做监督引导。学校的制度文化存在于学校的章程、管理规定、仪式活动、教育形式等各个方面，深入学生会、社团、班级、团支部等学生组织，通过对学生行为的规范、制约，来正确引导学生的思想思维、行为准则，进而激发学生高尚的情感和道德，养成良好的行为习惯，达到以制度文化育人的目的。党的十八届四中全会《中共中央关于全面推进依法治国若干重大问题的决定》提出了建设中国特色社会主义法治体系，建设社会主义法治国家的总体目标，也对高校管理提出依法办学、依法治校的要求。新形势下，学校要围绕精神文化培育的总体目标，进一步加强学校管理法制化、民主化建设，建立依法治校的制度文化，做好学生的文化引导工作。

（四）加强行为文化，实现文化育人

校园行为文化是校园活动主体在实践活动中表现出来的各种行为方式，是学校中各个成员参与教学过程中所实施的各种行为，是一所高校精神风貌、校园文化和办学理念最直接的外在表现；同时，校园行为文化还集中体现了一所高校的校风、学风、干群关系及师生关系。高校行为文化是置身于现代社会文化大背景中的一种具有自身鲜明特色的亚文化，除具有多样性、发展性、传承性等社会文化的一般属性外，还具备先进性、规定性、教化性、辐射性等特征。

高校作为传承文化和创新文化的场所，它的行为决定了传承和创新的理念，而一所高校的办学理念又必然会规定一所高校的办学行为和教师的教学行为。因此，强化高校行为文化建设，树立良好的高校形象，培树高校教职员工行为文化规范，要求其在各方面作表率，可以不断推进高校教学组织工作创新与创优，从而树立高校良好的社会形象。总之，加强校园文化建设，使整个校园文化形成不仅是课外的校园文化活动，更要把握加强人文文化建设的本质，从教学、科研、管理、人才培养等方面全面发展，营造全方位文化育人环境。

（五）改善生态文化，实现文化发展

生态文化建立在人类对可持续发展的认同的基础上，是人类历史发展的选择和结果。学校教育的文化观应面对这种新形势，调整教育环境中的各种生态因子和教育对象的生理环境，即建立新的生态文化观。为此，一要抓好学生生态知识的普及工作，利用校园宣传、网络服务、课堂教育、党团活动、社会实践等形式，开展生态知识普及活动，使学生在学习科学和人文知识中充分认识生态发展的规律，提高对生态发展的理解。二要充分利用高校科研优势，创造先进的生态文化。高校在理论探索方面有很大优势，应组织相关人员加强对生态文明相关问题的研究，或从生态发展的角度考虑科技创新，并把理论研究成果或科技成果回馈于社会，直接或间接推进生态文明进程。这对于学生来说，不仅能直接分享教师的研究成果，更能使他们切身感受社会对生态文化的认同程度，有利于生态文化观的形成。

校园环境是校园文化的外在显现，是精神文化的载体。良好的校园布局、建筑风格、绿化美化，以及环境中蕴含的人文气息，是无声的育人方

式，对陶冶情操、启迪智慧、积淀高雅的校园文化，有着潜移默化的作用。为此，高校要充分发挥自己的优势，使校园物质设施成为表现和传递文化的物质载体。建筑群体及其环境不仅要整体和谐、功能合理、简洁明快、充分体现人与自然的和谐统一，而且要赋予校园内包括楼堂馆所、花草树木等在内的建筑、设施和环境以丰富的文化内涵，让校园的每个角落都充满大学的历史荣耀、不俗的意志品格和高等学府特有的庄严、肃穆和凝重，处处展现出现代大学的科学、文明和进步，充分发挥校园环境陶冶情操、修身养性之功能。

二、校园文化的育人维度

大学是知识和文化传播的殿堂，推动着我国知识经济的形成和发展，肩负着为我国社会主义现代化建设培养德才兼备全面发展人才的重任。高校校园文化一方面指引着人的全面发展，同时又给他们提供巨大的舞台促进其发展。另一方面，高校校园文化是在各类积极意义的文化基础之上融汇而成的。大学校园个体能够根据社会的发展要求，顺应时代发展的主旋律，依据整体的教育目标，确立一定的价值目标体系和行为方式，形成一定的文化氛围，对校园个体起到一定的指引和熏陶作用。大学生可以在这样的条件下，选择适合自己的价值目标、生活方式，从而塑造自身的人格。反过来，校园个体是高校校园文化的创造者、参与者和享受者，他们能够根据自己的兴趣、特长和需求，通过参加各类丰富多彩的校园文化活动，发现自己、证明自己、塑造自己，从而完善和发展自己。大学为学生的全面发展提供了一个巨大的舞台。高校校园文化是一种高层次的文化，它有着多层次的内容。因此，校园文化的育人维度也是多方面的。

（一）**塑造品格**

第一，从物质文化建设方面来说，学校的教室、文化娱乐场所、实验室和宿舍等各类场所，都是为校园个体所服务的，都是为实现教育这个根本目标而服务的，充分体现了其教育服务功能。比如学校的图书馆，它是知识的宝库、是知识的殿堂，环境优雅，有利于师生读书；又如一些国内知名院校的雕塑、极具特色的校园纪念馆、名人故居等都体现了这些院校的历史文化传统、教育目标和成就等，无不例外地激励着后人不断向前辈们学习，创造更加辉煌的成绩。

第二，从精神文化建设方面来说，学校的各项管理规章制度，以及校风、学风建设等教育作用更显而易见、更直接、更深刻。学校的各项管理规章制度是学校进行办学的有力保证，这些制度规定了学生在学习和生活的各个方面和各个环节的要求，都蕴含了学校深刻的教育制度文化。如果说学校的各项规章制度是有形的力量，那么校风和学风就是一种无形的力量。校风和学风一旦形成，对每一个校园个体都会起着一定的导向、约束和激励作用，这是一种无形的教育工作和教育力量。

（二）思想修养

首先，思想引领表现在陶冶学生的情操。学校优美的校园环境，如诗如画的校园风光、布局合理的校舍建筑、积极健康的教育教学设施、整齐干净的道路等无不例外地将带给学生巨大的精神力量。学生在良好的校园文化的感染和熏陶中成长，由美生爱，从而产生热爱母校、热爱家乡、热爱祖国的优良品德，学生在优美幽静的环境下学习，舒心怡神，从而有利于增强他们的环境保护意识。积极健康的校园文化对低俗腐朽的消极文化也有很好的抵制作用，能够帮助学生形成良好的世界观、人生观和价值观。

其次，思想引领表现为培养学生的集体意识和团结合作精神。校园文化是以学校为单位的，学校是一个集体，这就要求学生要注重学校的集体形象，要正确地处理好集体利益和个人利益的关系，坚持集体主义原则，注重彼此间的相互协作，不然就会受到来自集体的人际压力。不论是自身发展的需要还是外部环境的压力，都要求学生要正确地处理好集体和个人的关系，牢固树立集体意识和团结协作的精神；反过来，一个团结友好的集体也会使学生感受到集体的温暖，深刻意识到集体力量的强大，从而树立起集体主义的思想和观念。

最后，思想引领表现为培养学生的健康个性和健康心理。青年学生都追求多姿多彩的精神生活，并且每个人的业余爱好是不同的。校园文化的内容是丰富多彩的，这就满足了学生精神需求的多样化和个性化，避免了单一化的倾向。同时也有助于那些个性突出的学生找到适合自身的精神生活，并在其中看到自己的价值，激发他们的主动性和积极性，树立一个积极健康的自我形象。当代青年学生的适应能力较差，多姿多彩的校园文化有利于培养学生的心理适应能力。学生在优美的校园环境下，能够放松心情，有利于增强他们的进取心。丰富多彩的校园文化活动还可以扩大学生的交际圈，帮助那些孤僻内向的学生打开心窗，找到知心朋友，学生沉浸在欢乐的校园文化活动中，可以忘却那些不愉快的事情，从而帮助学生培养健康的心理。

（三）行为规范养成

置身校园文化中的师生不仅受到了文化感染、熏陶和教育，同时思想观念、价值判断、道德行为也会受到校园文化的规范和制约，这种规范和约束是通过学校长期以来形成的制度文化、共同认同的道德规范，以及优良的精神文化传统来影响个体，对师生员工的行为具有广泛的约束力。学校健全的规章制度，以及在此基础上形成校园制度文化都是规范大学生行为的外力，而校园中的集体舆论、道德规范则是大学生彼此约束的内力。学校严格的规章制度和健康的集体舆论对学生的言行举止具有规范导向作用，当学生的某些言行举止不符合学校的规章制度和集体舆论的要求时，学生便会进行自我调节和矫正，从而尽可能地去达到要求。

此外，教师作为与学生接触最多的大学主体、教育主体，他们对行为准则、职业道德的遵守，对大学校园具有重要的示范作用，不仅是学生学习的榜样，也是一所大学有效运行、不断发展的保证。良好的校园文化所包含的学校优良传统和文明习惯，都对师生的行为养成起到促进作用。

（四）实践教育

对于学生来讲，大学是他们生理、智力发展的黄金时期，是他们获得独立于社会能力、取得社会活动资格的极为重要的阶段。能力培养功能主要是指培养学生适应社会的各种能力的功能，帮助他们学会各种适应社会生存的规范、知识、能力及生活方式等，从而使各方面得到协调发展，与社会之间达到一种平衡有序的稳定状态。

首先，高校校园文化能够帮助青年学生掌握适应社会的各种知识技能。为了进一步达到素质教育的要求，我国很多高校相继进行了一系列的课程体系改革，突破了以往狭隘的学科局限性，拓展学生们的理论视野，培养学生以多维视野去观察社会中复杂多变问题的能力。最重要的是，理论与实践有机地结合起来，真正地做到理论联系实际，帮助学生理解、掌握并且学会运用知识。只有通过实践，学生才能够切身体会到教师在课堂里所讲的许多道理。在这些活动中，青年学生可以逐渐提升自我管理的能力，也可以增强其自主、自立、自信和自强的意识，提高其独立生活的能力和进行社会活动的能力，改变了以往他们只与书本打交道的状况，为他们将来走向工作岗位奠定了良好的基础。

其次，高校校园文化帮助青年学生掌握社会行为规范。大学生在走向社会、走向工作岗位之前，必须努力让自己学会特定角色的社会行为规范，只有这样，才能尽可能地缩短社会适应期。而要掌握特定角色的社会行为规范，就要真正地践行这个特定社会角色。高校开展了丰富多彩的校园文化活动，青年学生可以在其中演习如何适应社会，并且逐渐认同并践行该社会角色的行为规范和价值理念。在校园文化活动中，青年学生通过演绎不同的社会角色，逐渐积累经验，对他们将来担当起正式的社会角色起着非常重要的作用。在校园文化活动中，学生可以认识自己可能的前景，并且设计自己所期望的人格特征。与此同时，青年学生彼此之间还可以进行相互监督和相互促进，这对于他们掌握社会行为规范方面有着极其重要的作用。

最后，高校校园文化帮助青年学生把个性发展和时代使命联系起来，将时代使命内化为自我意识。大学在培养学生创新精神的同时，还应当注重学生个性的发展，也就是要处理好学生的个性发展和社会责任的关系。青年学生在大学阶段，其生理、心理都有着自己的独特特点，大学这一阶段是青年学生成长的关键时期，是他们人生观和价值观确立并且稳定的关键阶段。高校校园文化的培养目标具有明确的指向性，使得大学生能够按照社会的要求去认识和发展自己，帮助他们能够更加理解将来所从事行业的社会意义，增强他们的社会责任感，在心理和行为上与所处的社会氛围达成一定程度的和谐平衡，更加清醒地认识历史使命和现实责任。青年学生能够把自身的个性发展与整个社会、所处的时代要求统一起来，这是多方面努力的结果，但毋庸置疑的是，校园文化在其中起到了不可磨灭的作用。

三、校园文化的育人途径

校园文化不仅是课堂教学的必要补充和延伸，而且是坚持用社会主义思想占领学校思想文化阵地的重要形式，从一定意义上说，校园文化对于学生素质的形成和提高，促进学生健康成长，具有潜移默化的作用。因此，大力加强校园文化建设，积极拓展校园文化建设的渠道和途径，充分发挥校园文化的育人功能，努力把学生培育成为"有理想、有道德、有文化、有纪律"的德智体美劳全面发展的社会主义事业建设者和接班人，这是加强高校校园文化建设的根本出发点和落脚点。鉴于校园文化建设是一项系统工程，它的丰富内涵和鲜明特点，决定了其育人途径的多样性，从以往的实践经验来看，育人途径主要表现为以下四个方面。

（一）实践化人

参与实践是文化"化人"的最佳途径。大学校园文化的"化人"功能得以实现的关键一步，是大学生将"内化"了的先进思想"外化"为积极的行为，只有将"外化"实现，才真正达到"化人"的效果。参与社会实践是大学培养人才的重要环节，鼓励学生亲自参与实践活动，是实现文化"育人"的最佳途径。

参加大学校园内的实践活动。大学校园内的文化活动多姿多彩，如大学生艺术节、文化周、运动会、篮球赛、英语演讲赛等，学生根据自己的兴趣来参与活动，挖掘自己潜在的才华。参与校园内的文化活动，不仅能丰富学生的课余生活，提升学生的文化活动层次，更是大学生自我教育、自我成长的良好途径，能不断完善大学生的人格，有助于大学生正确价值观的形成，有利于文化育人产生实效，促进学生全面健康成长。

参加活动校园外的社会实践活动。大学生不仅要"读万卷书"，更要"行万里路"，走出校园参加社会实践可以认识社会、接触实际，通过直接参加生产劳动，可以锻炼实际操作能力和协作能力，在实践中成长。例如大学寒暑假的社会实践、"三下乡"等活动，为学生提供锻炼的机会，是学生了解社会的平台，能满足学生锻炼自我、提升自己的需求，学生通过实践实现自我认可。志愿者服务活动是文化育人的重要途径，也是对大学生进行思想政治教育的新方式，是实现文化"化人"的有效载体，大学生志愿服务工作已成为文化育人工作中不可或缺的重要环节。

（二）优化校园物质文化环境

高校要创建形象美、寓意深的校园物质文化，就要善于发挥好管理者、教育者、学习者的积极性，并组织好、协调好学校各方面的力量。这是因为美好的校园物质文化对人产生持久的、潜移默化的教育影响，引起人们思想感情、审美观念的变化，特别是师生自己动手美化的校园，更值得人们爱护与珍惜,这是教育中最微妙的要素之一。

一是树立好校园标志性建筑。校园标志性建筑能够展示高校的办学历史和办学理念,体现师生文化观念和审美追求,它是校园建筑布局的灵魂,也最能反映一所高校的人文关怀和科学精神。校园标志物的建设目的是增强师生对学校的归属感、认同感,大学在标志物创设的过程中,可以运用视觉设计的手段,通过特定的造型、色彩、内容等设计将学校的办学思想、精神理念、管理特色等融入其中,形成标志物的校园文化。

二是做好校园内部环境的规划。突出特色和美感是校园环境建设的基本要求,校园整体环境设计要力求与学校已有建筑的风格相一致,与校园的自然与人文特色相协调。对校园教学区、科研区及生活区等不同功能区域要进行统一规划设计。校园建筑群要根据师生具体的活动需要进行合理布局,体现鲜明的层次性和对人的满足,目的是形成不同校园主体、不同学科之间的互相交流与高效发展的和谐气氛。为便于大学师生的工作、学习和生活,各功能区域在保持适当距离的基础上,既要相对集中,又要避免相互干扰。例如哈佛大学的庭院所展现的那样:参差交错的林荫,纵横交错的小路,穿行在其中的师生彼此会在小路上邂逅,来去匆匆于绿荫下,享受着校园风景乐趣的同时,也相互共享信息。校园内主干道的修建要充分考虑人流、车流量,既保证安全,又要避免给师生工作、生活带来不良影响。

(三)强化校园制度文化育人功能

制度文化是一种对师生生活工作和行为举止具有规范作用的文化,集中体现为学校的规章制度。校园制度文化不仅规定了学校全体师生员工在教学科研管理中应遵守的基本行为准则,在一定程度上也体现了一所学校的办学宗旨和办学特色。它能够通过一定的手段对校园人的思想进行引导,促进师生更好地发展进步。校园制度文化既体现了制度本身所具有的丰富的育人价值,也发挥着校园文化应有的育人功能。

一是注重制度文化的人本性。大学校园制度文化育人的关键是要加强学校各种制度的科学化和人性化，充分尊重大学师生的主体性和自主性，实现全员、全过程、全方位的育人目标，从而使制度文化有效地满足人的全面发展。树立"以人为本"的管理理念。"人本"管理要求学生管理的过程要富有弹性，而不是用硬性的规则去限制学生的个性发展，忽视学生对于实现自身发展的个性诉求。要坚信"大学生是能够独立自主地把握自己命运的人，他们应该获得学习的自主和自由，而不应完全听于规章制度"。因此，制度文化建设一方面要注重自身的权威性，做到校园主体的各项实践活动都有章可循，即树立"依法治校"的理念，保证学校管理运行的高效性。另一方面，也要突出对师生的人文关怀，维护师生自主、自由工作学习和生活实践的权利，促进师生的全面发展。

二是注重校园文化制度创新。发挥校园制度文化的育人作用，应该坚持校园制度体系的不断创新。任何制度文化都是不完美的，校园规章制度在调节和规范师生行为的实际运行中总表现出局限性和滞后性，使得那些能够促进大学发展的制度，在不断变化的现实面前也会过时。高校制度文化必须坚持与时俱进，不断完善和创新。促进校园制度文化创新，要加强大学校园与社会的联系。这是因为校园文化是社会文化的重要组成部分，而且随着高等教育大众化的不断发展，大学越来越成为社会文化的中心。校园文化要继续保持对社会文化的引领，就不应脱离社会，而应当与社会保持接触，并以自己的实力和声望对重大而紧迫的社会问题、社会现象进行研究，从而对社会可能采取的行动与对策产生影响，同时获得与自身发展变革相关的信息以便对社会的变化做出及时的反应，在与社会其他文化的相互碰撞、相互影响中保持独立性、先进性和科学性。

（四）示范引领大学生行为规范

促进大学生成长成才是大学最直接、最根本的目标。而当今的大学生群体普遍存在心智不够成熟、辨别是非能力较差的现实，其行为往往带有自发性特点；加之，大学校园里的一些不端思想及失范行为，对大学生也造成了不良影响。这些都严重弱化了校园行为文化的育人功能。鉴于此，高校必须通过有效的示范引领，影响大学生思想和行为，以促成在校大学生的成长与进步。

第一，注重发挥教师的示范作用。高校教师是校园文化最重要的行为主体之一，其行为直接体现了校园文化的育人功能。教师对学生的引导、榜样、示范作用影响着校园的行为文化，校园行为文化正是通过教师的言传身教、行为示范达到教育的"不为而成"。清华大学原校长梅贻琦除了著名的"大师论"外，在总结清华建校25年的进展时曾说："师资为大学第一要素，吾人知之甚切故亦图之甚亟也。"大学教师的治学严谨态度、专业素质修养和高尚人格魅力都能够通过言传身教传递给学生，教师在传授知识的同时，他们的世界观、价值观、人生观也会深深地影响学生，对学生树立积极的人生理念和个性品质有重要的导向作用。发挥教师的示范作用，就要全面提高教师素质，加强教师师德建设。一个高素质的教师，除了具备广博的知识，更主要的是具备高尚的思想道德素质。在教育实践中，身教重于言教，精神面貌、道德品质和举止言谈都影响着学生的精神状态、道德观念和行为习惯。"学高为师、身正为范"，教师的教书和育人相辅相成，对大学生的素质养成同等重要，而德育不仅是教师的工作任务，更应是所有教育工作者的自觉行为。

第二，建设高校网络文化活动主阵地。网站主阵地是高校校园网络文化的有效载体，是对大学生进行思想政治教育的重要场所，也对文化育人起到了示范作用。高校网站阵地建设既要有主题网站建设，也要有思想教育、政治教育等"红色网站"，学生社团、学生组织等"橙色网站"，以及学生就业、学生服务等"绿色网站"建设，此外，针对大学生热衷于社会时政热点，及其好奇心和求知欲较强的特点，也要建设相应的满足大学生需求的网站。既可以是专题形式的网站，如学校重要举措工作的网站等；也可以是综合性的网站，如校园BBS网页论坛等。

第三节　校园文化育人的现状

一、当前高校校园文化环境下实现育人功能的现状分析

（一）校园文化积极表现

1. 物质文化建设相对日渐完备

高校校园物质文化是一种物化的文化形态，是学校各项物质条件的总和．具体包括教学场所、生活场所、活动场所、教学设施等，它是有形的，看得见、摸得着的，是其他校园文化形态存在和发展的物质基础。同时，校园物质文化又是校园精神文化的载体，是富有丰富内涵的人文环境。在校园文化的育人中，物质文化建设不但是其顺利进行的前提和条件，而且是其重要途径和载体，校园物质文化建设状况的好坏一定程度上影响着整个校园文化育人的质量和水平。随着我国经济的快速发展，我国大多数高校，在物质环境上不断加大投入，逐渐摆脱了过去简陋的教育环境，有了一套符合自己的整体规划，合理构思，精心设计，使人与自然、建筑达到一种和谐交融的状态。

2. 精神文化建设日渐完善

当前，我国校园精神文化的现状整体是好的。首先，大学里全体师生员工的思想观念、价值理念、行为准则、生活态度等多方面都无时无刻不受校园文化的熏陶和感染。校园精神文化是高校校园文化的重要组成部分．影响和熏陶着每一个校园人。校园精神不是一朝一夕形成的，是经过数代人的教育教学实践积淀而成的，它渗透在学校的各方各面，是所有校园人的精神动力。比如学校的校训就充分体现了一所高校的校园精神，同时也体现了一所高校的办学特色。当前，我国大多数高校都高度重视校园精

神的期造和培养。其次，高等院校和中等教育院校的重要区别就是高校的学术文化。高校的学术文化关系着一所高校的声誉，关系着高校的生存和发展。学术文化包含教学和科研两个方面，这两者对高校的发展是同等重要的，缺一不可。教学是对知识的传递，科研是知识的创新，都体现了高校的价值。最后，校园文化要通过学校开展多姿多彩的文体活动实现。广大校园人积极参与文体活动，能够满足其多方面的文化需求和精神需求。开展文体活动有利于激发广大师生对学校的兴趣，培养他们良好的思想品德，帮助其塑造健康的人格。

3. 制度文化建设日渐规范

一套合理规范的大学制度对一所高校的发展起着至关重要的作用。当前，我国大多数高校都意识到了这一点，不但重视多种多样的校园文化活动的开展，而且也非常重视学校的各项规章制度的建立，并且使之日趋完善。制度文化是一种深层次的文化，是为了满足人们更深层次的需要，也就是由人们的交往所产生的合理处理人与人、人与群体之间关系的需要。用规章制度规范学校的秩序，这样，有利于形成积极健康的校风、学风和教风，从而有利于学校办学目标的实现和学校长远的发展。有的高校甚至在规章制度的条文中凸显价值理念、思想道德、素质要求等精神文化方面的条款，这样就赋予制度以灵魂，更加强调人的价值理念、理想追求及为人处世的准则。这种把软文化和硬制度有机地结合起来的方式，使精神要求和具体规定融为一体，铸造出刚柔相济的规章制度。全体师生员工在执行制度、规范自己行为的同时，也能寻找自我，实现自我价值，我国很多高校，比如清华大学、四川大学、上海交通大学、北京航空航天大学等都专门制定了校园制度文化的发展规划，并且将其列为校园长期发展战略中，这样就从指导思想、主要内容和目标、实现路径等方面作了具体规定。

4. 行为文化建设日渐成熟

校园行为文化集中反映了一所高校校风、学风、教风、办学理念及大学精神等。当前，我国大多数高校都非常重视校园行为文化的建设，特别是注重加强对高校全体成员的行为进行规范。同时，各大高校也积极开展多种校园文体活动来进一步加强学校行为准则及法律道德规范的宣传和教育力度，从而有助于使高校全体成员的校园行为规范化、法律化、道德化。当前，我国各大高校的行为文化总体上表现是好的，校风、学风、教风等也都是积极向上的。

5. 社团文化日渐得到重视

高校的社团组织是该校的大学生在该校党委的领导下和团组织的引导下，以其共同的兴趣爱好和特长为基础，为了共同的奋斗目标和理想追求，经学校有关部门的同意，并且通过一定的程序建立起来的学生团体。高校的社团文化，是青年学生社团在长期的实践活动中所积累的精神财富、文化氛围及活动载体等，是物质财富和精神财富的总和。它包含社团形象、价值理念、社团精神、社团活动及品牌文化产品等多个方面。社团文化是高校校园文化非常重要的载体，有利于丰富大学生的第二课堂，增长他们的知识，培养青年学生的实践活动能力，拓宽他们的视野。目前，国内高校的很多社团活动都得到了相关部门的认可和重视。随着高校的不断扩招，不同形式、不同种类的社团也相继建立，社团活动也越来越丰富，社团规模也越来越大，较之以前其活动形式也愈加成熟。

6. 网络文化日益得到强化

网络文化有着其独特的优势，近年来，我国大多数高校都非常重视网络文化的建设，各个高校的网络文化建设工作因此不断加强，很多高校一手抓建设，一手抓管理，建设和管理两不误，二者都得到了明显的进步。在网络文化的管理体制上，我国很多高校都已建立了相关部门分工协作的管理体制。一般情况下，在彼此相互配合的基础上，学校党委宣传部负责校园主网站的建设与维护、网上舆论的分析引导和信息监督监控等工作，同时还要对各个二级网站的内容进行监督、监控、管理和引导。有的高校还建立了教务管理系统、研究生综合管理系统和校长信箱系统，等等，将与学校公共管理事务有关的内容集中放置于一个网络管理系统之中，形成一个人人都可以平等参与的互动网络平台，这样有利于学校进行民主的、科学的管理。

（二）校园文化育人问题

1. 物质文化育人功能弱化

校园人文环境育人表现不足。人文环境是校园文化育人的重要载体，高校人文景观等环境因素对大学生起着潜移默化的作用。然而，当前部分高校对校园人文环境的建设和重视的不足，导致了校园缺乏浓厚的文化氛围，直接影响了校园人文环境育人功能的发挥。例如高校校园内缺乏独具一格的文化景观，就严重影响了人文环境在大学生人格塑造和情操陶冶上的育人功能。再者，尽管校园内的各种建筑，包括教学楼、宿舍楼、图书馆、餐厅、体育馆、运动场等学生活动场所在高校已普遍建成，但由于缺乏人文气息，也致使它们在建设学生精神家园和组织归属感中的作用没有完全发挥出来。

校园文化设施育人表现不足。随着高校招生数量和教育规模不断扩大，许多高校原有的校园文化设施无法继续满足师生学习和生活的要求，这不仅表现在校园文化设施数量上，更表现在校园文化设施满足师生要求的质量上。例如当前高校各类社团活动已成为在校大学生锻炼自己、参与实践的重要形式，其文化活动也日益丰富，然而，活动场所及设施数量不足、空间有限、环境不佳、设备陈旧等问题，直接影响了校园文化活动的层次和质量，影响了校园文化设施育人功能的发挥。由于校内文化设施的缺乏，学生会、学生社团等学生组织在承办一些重大会议和活动时，出现了或临时搭建、或租赁场所等现象，这严重影响了学校和社团在展现自身风采、整体风貌时的效果，也影响了外界对学校、对社团的认知和评价。

2. 精神文化育人功能弱化

人文精神育人功能尚未充分发挥作用。校园精神文化的内涵如果缺少人文精神，就会缺乏丰富性和生命力。人文精神是一所大学在不断发展演绎的过程中，经过长期积淀形成的。它有着稳定的内涵形式，体现了学校对大学师生的价值和关怀，也以其特殊的气质，影响着师生的价值观念，约束和规范着师生的行为方式。当前，高校校园中存在着"唯科学至上"、功利主义等思想，过分重视技术技能、专业素质的教育，过分强调就业率，热衷于追求"短平快"式的实用主义。这种功利主义、实用主义蚕食了校园里的人文精神，阻碍了校园精神文化育人功能的发挥。因此，强化校园精神文化的育人功能，培养大学师生的人文精神至关重要。

精神文化育人存在形式主义倾向。校园精神文化反映了一个学校的特殊本质、个性及精神面貌，体现着学校的办学理念、培养目标及其独特风格。目前，部分高校的校园精神文化在外在形式上存在着同质化和雷同化的现象，包括办学理念、办学传统、校训、校风、学风、教风等的趋同，存在全校一面的现象。

3. 制度文化育人功能弱化

制度文化最直接的表现形式和载体就是高校的各种规章制度。合理有效的校园制度文化应该是全体师生员工共同努力的结果，它能够保证大学师生员工在良好的教学环境、科研环境、生活环境中不断完善自己。当前，在高校制度文化建设过程中存在的一些缺陷，弱化了校园制度文化的育人功能。

首先，师生员工民主参与意识不强，制度的制定与实施透明度不够。高校管理制度的制定多是由各级行政管理人员出于利益相关者的需求，自上而下制定的，很少甚至不能体现广大师生员工的利益诉求，这就无法实现大学制度的广泛民主性、普遍性和透明度。其次，文化制度建设忽视"人性化"。在校园制度文化的建设中要体现人本管理的理念，校园制度是大学实现人才培养的手段，其最终追求是促进人的全面发展。但是，部分高校的管理制度过于强调集中化、专业化的人才培养方式，忽视了人的个性发展。此外，高校更多地推崇"显性"规章制度，以强制性为手段，惩罚性规定的使用往往多于奖励性规定的使用，长此以往，导致整个校园失去活力，使师生处于精神紧张、人人自危的消极氛围中。这些不合理的制度管理形式及其所反映出来的校园文化"氛围"，严重影响了制度文化育人功能的发挥。

4. 行为文化育人功能弱化

大学校园文化从其动态上看，有积极进取、健康向上的一面，也有令人深思、亟待矫正的一面。部分大学校园存在不端思想及失范行为，造成了一些不良影响，削弱甚至歪曲了大学校园行为文化的育人功能。首先，校园里的官本位倾向。校园中的官僚化气息和官本位思想，主要体现在大学校园的"行政化"管理中。做什么事基本都是靠行政命令，盛行"权力至上"的思维方式，而不是通过教师集体决定。这大大影响了教师追求学术自由和学者风范的动力，在一定程度上对大学生树立正确的价值观、人生观造成了负面影响。其次，学术不端行为。随着网络的兴起和网络资源的日益丰富，越来越多的大学生甚至教师在研究中喜欢急功近利，学术上造假、抄袭、粗制滥造的现象普遍存在，个别人已经不再以追求和捍卫科学与真理为己任，逐渐丧失了独立人格和精神追求，失去了知识分子应有的儒雅风范。最后，学生交往中的不文明行为。当前，大学生中普遍存在不知礼、不守礼的不文明行为。上课经常迟到，课上睡觉、玩手机。这些消极的校园行为方式，以及在此基础上表现出来的行为文化，严重损害了大学校园的形象，弱化了校园行为文化的育人功能。

（三）分析校园文化育人问题原因分析

1. 理念意识和整体规划薄弱

当前，一部分高校缺乏基本的校园文化育人理念，文化育人的理念意识相对薄弱，未能将高校校园文化的育人理念进行全局规划和战略定位。具体表现在三个方面：

首先，高校校园文化的育人机制更加功利。当前，我国的高等教育正走向一个大众化的阶段，各个高校随之加大办学规模，尤其要加大其在物质文化建设方面的力度。因此，一部分高校在除了开展正常的教育教学活动外，大部分精力都用于搞物质文化建设，甚至出现以物质文化建设的好坏来评价一所高校的发展效果的现象。由于学校把大部分精力放在物质文化建设上，那么在体现学校特色的校园精神方面的理性思考就略显不足，出现失衡的现象。

其次，"以人为本"的理念未能落到实处。高校的育人，本质上来讲就是要坚持以科学发展观为指导，以人为本，提高大学生的整体素质和综合能力。然而在现实中，一方面，在计划经济体制下形成的一些过时的办学理念仍然在教育教学中产生不良影响；另一方面，由于高校的一部分教职员工对于校园文化建设的意义、校园文化建设的途径等方面的理解存在较大的分歧，导致出现了有文化活动无文化效果的现象。此外，师德教育的力度未能跟上高校的发展速度，因此，管理者的自身素质就跟不上，未能形成全方位育人的教育环境，"以人为本"的理念未能真正落到实处。

最后，校园文化的育人方式和途径跟不上发展变化，不能与时俱进。当前，我国大多数高校的办学目标都十分明确，但一部分高校的育人方式仍然沿袭传统教育方法，未能根据整个社会的发展变化、经济全球化的发展趋势来改革创新符合高校自身发展特点的育人机制。高校校园文化的育人机制体制还不够健全，有待提高和完善。

2. 文化建设的投入度不够

当前，我国很多高校在校园文化建设方面还存在着投入力度不够的问题，尽管我国教育部已经明确提出要加大高校校园文化建设的投入保障力度。当前，我国很多高校可能因为财政有限，在校园文化建设方面投入保障不足，这就致使很多校园文化活动的开展缺乏资金支持，从而使校园文化活动缺少深度、缺乏层次，很难达到文化育人的理想效果。为此，我国各个高校应该把校园文化建设的经费也纳入到学校预算中，真正做到人力、财力、物力方面的投入，从而保证高校校园文化建设工作的顺利开展和进行，进而确保高校校园文化育人功能的预期效果。

3.缺乏创新意识

由于市场在配置资源的过程中本身就存在着一些弱点，我国市场的公平竞争机制也就存在某些不合理的地方，再加上当前我国高校尚缺乏一些较为充分的自主权，办学资源依然要靠政府这只"有形的手"进行宏观操控。因此，不免造成了很多高校的办学理念、办学模式趋同，缺乏创新，高校自身固有的特色缺失，未能认识到学校特色所带来的巨大影响力和价值所在。此外，很多高校的办学制度还有待完善，尤其一些大学未能树立很好的经营者意识，未能充分开发利用自身的校园文化环境，挖掘自身的优势所在，未能很好地将学校的精神财富等宝贵资源具体化和制度化。总之，当前我国部分高校的办学理念缺乏创新，办学制度还不够完善。

二、校园文化内部管理体制改革

目前，高等教育的规模和发展环境发生了巨大变化，市场经济体制也要求高等教育体制与之相适应，如果还停留在过去用"管理"来发展教育事业显然已不相适应了。现实情况要求高等教育管理向高等教育治理转变，推动中国特色现代高等教育治理体系和治理能力现代化，必须实现由微观管理向宏观管理、直接管理向间接管理、管理向服务的根本转变。高等学校的核心功能是人才培养功能，科学研究、服务社会和文化传承创新功能都是围绕人才培养功能展开、深化和拓延的。这决定着高校深化内部管理体制改革必须围绕着人才培养的核心功能展开。

（一）以建设校园文化为中心深化内部管理体制改革的意义

"以建设校园文化为中心"深化内部管理体系改革既关系到高校决策权

力的制度安排问题,也关系到高等学校落实"立德树人"任务的落实,更关系到提高高等学校治理体系和治理能力现代化,对于高等学校更好地实现人才培养、科学研究、服务社会和文化传承创新的功能,提高办学效益,增强大学的核心竞争力等方面具有重要的理论与现实意义。

(二)以建设校园文化为中心深化内部管理体制改革的途径

高等学校是培养人才、科学研究、社会服务和文化传承的高等教育机构,教师、学生及其学术风格是高等学校生生不息的内生力量,高等学校只有坚持"以建设校园文化为中心"的理念深化内部管理体制改革,由内部生成的管理体制和运行法则,才是最具特色最有实效的内部管理体制。因此,坚持"以建设校园文化为中心",深化和完善高校内部治理结构,必须坚持和完善党委领导下的校长负责制,加快大学章程建设、加强学术组织和教职工及学生代表大会建设,健全高校自主权有效行使的自律机制。

第一,解放思想,更新观念,充分认识高等学校"以建设校园文化为中心"深化内部管理体系改革的重要意义。高等学校内部管理体制要适应新形势新要求,首要的问题是要解放思想、更新观念,站在提高高校治理体系和治理能力现代化的战略高度和新起点上,以习近平新时代中国特色社会主义思想、党的二十大精神为指导,紧紧围绕深化教育领域综合改革"立德树人"的根本要求,牢固树立以校园文化育人实效为中心深化内部管理体制改革的工作理念、把握以校园文化育人实效为中心深化内部管理体系改革的工作方向、理清以建设校园文化为中心深化内部管理体制改革的工作思路,用提高高校治理体系和治理能力现代化的新思维和改革创新谋略和举措,深化"以建设校园文化为中心"的高校内部管理体制改革,全面开创高校治理体系和治理能力现代化的新局面。

第二,坚持"以建设校园文化为中心"完善高校"党委领导、校长负责、教授治学、民主管理"治理结构,提高学校治理能力的"现代化"。党委领导下的校长负责制是中国共产党对国家举办的普通高等学校领导的根本制度,是高等学校坚持社会主义办学方向的重要保证。党委领导下的校长负责制是"一个不可分割的有机整体,必须坚持党委领导的核心地位,保证校长依法行使职权,建立健全党委统一领导、党政分工合作、协调运行的工作机制",是新形势下完善高校"党委领导、校长负责、教授治学、民主管理"治理结构的根本依据和政策导向。"党委领导、校长负责、教授治学、民主管理"是大学区别于政府和企业等,作为学术机构的显著特色,也是区别于其他国家大学的中国元素。坚持党委领导下的校长负责制,必须以《关于坚持和完善普通高等学校党委领导下的校长负责制的实施意见》为指导,以人才培养为核心,坚持"以建设校园文化为中心",完善高校"党委领导、校长负责、教授治学、民主管理"治理结构,充分发挥学术组织的作用,拓宽师生参与民主管理的渠道,增强高校健康发展的内生动力,形成中国特色的高等学校"以建设校园文化为中心"的内部治理体系,全面提高高等学校治理能力的现代化水平。

第三,加强顶层设计,坚持"以建设校园文化为中心"完善现代大学管理制度体制。大学章程是大学内部治理的根本大法,不仅是高等学校依法管理、依法治校的必要条件,也是明确高等学校内外部权利义务关系,促进学校完善治理结构、科学发展、建设现代化大学制度的关键所在。大学章程是落实大学办学自主权的保障,不仅有利于推进大学自身依法办学,推进现代大学制度体系建设,形成科学的治理结构,而且有利于理顺高校内部管理运行的权力,形成自我发展自我约束的机制,能够推进高校内部的管理改革。大学章程建设是完善我国现代大学制度,深化高等教育综合改革的一项重要任务。因而,要构建以大学章程为龙头的制度体系,完善内部治理结构,就要紧扣和体现建立现代大学制度这一核心内容,一切从实际出发,总结国内成功做法,借鉴国外有益经验,坚持以人为本,以建设校园文化为中心,正确处理好党委和行政、行政权力与学术权力、学术组织之间的关系,按照加强顶层设计与摸着石头过河相结合的指导原则,凝聚中国元素，突出个性与特色，明确大学章程的未来指向，完善高校内部治理结构和现代大学制度体系，持续有序地推进依法治校建设。

第四，创新高校内部管理体制，全面提高学校的核心竞争力。高校办学转型是一个系统的创新工程，在转型过程中需要自觉地进行内部管理的组织创新和管理创新。创新高校内部管理体制要积极吸纳各方向参与，要推进大学信息公开、民主参与制度体系建设和民主管理。一是坚持以建设校园文化为中心，按照现代大学制度体系建设、高校治理体系和治理能力现代化的要求，进一步明晰领导体制、治理结构、管理模式，突出依法治校、教授治学、民主管理和以人为本理念。二是推进"大部门制改革"、学院制改革，按照管理重心下移、实行目标管理、规范权力运行的原则，明确学校、学院的职能划分，形成教学单位自我管理、自我约束的自我激励的机制，使二级单位真正成为相对独立的办学实体。三是推进人事分配制度改革，以岗位设置、管理为抓手，实施人员分类管理和岗位管理，创新人才工作体制机制，统筹作好各类人才队伍建设，开创人才辈出、人尽其才的新局面。四是推进科技管理体制改革，针对科技项目管理、科研平台管理、科研院所运行、科研成果转化管理、科技服务体制、产学研联合体等科技发展与创新方面出现的新问题，建立新的管理秩序，形成新的体制机制。五是推进考核评价机制改革，健全干部评价体系和聘用机制，改革教学科研人员的教学和科研业绩的评价体系和考核办法，完善学生学业考核测评体系，为学校转型发展创造各尽所能、尊重诉求、各得其所和共生共进的管理环境和良好氛围。

（三）内部体制改革是推进校园文化育人的根本手段

中共中央、国务院、教育部等部委先后制定的文件明确指出了大学校园文化建设的重要性。明确提出大学校园文化建设的总体要求和主要任务，对积极推进校园文化工作做了统一规定。依法治校是建设现代学校制度的根本保证，学校办学活动应当以育人为本，全面贯彻国家教育方针，依法执行国家课程方案和课程标准，注重教育教学效果。另外，制度体系建设是人才培养的导向，是推进教育宏观管理体制、办学体制和学校制度改革，明确学校管理目标，保障大学自主办学的保障。国家层面的制度为教育行政部门和大学校园文化建设做出了宏观的政策指导，是发挥制度育人价值的保障。

大学校园文化中的制度因内含一定的价值理念，对个体的价值观念产生影响，个体在制度化的校园文化组织活动中获得价值统一性，从而达到制度对大学精神的整合功能。大学校园中的实践活动也需要制度的规范与调节，整合校园中的正能量，促使学校向着人们所期望的方向发展。从功能作用上看，显性的大学校园文化育人制度对学生发展具有重要的作用，其通过制度化形式外化于全体师生的日常行为，为制度文化的形成提供制度环境。使学生在校园环境中形成的行为习惯、价值观念和伦理思想与高校人才培养目标相一致。实践证明，校规、校纪、校训、校风浓厚的学校，学生从众心理较强，形成的群体力量对个人的思想、行为、作风的影响较大。显性的大学校园文化制度主要从宏观上形成育人的大氛围，而隐性的大学校园文化制度则从微观上形成具体的育人格局。

显性的校园文化育人制度重在以制度引导价值观念，重在对学校办学理念，人才培养目标，学校的校风、学风、为人处世等方面的价值趋向提供有力的指引和保障。显性的大学校园文化制度强有力地影响着学生，使学生的全面发展与制度的终极目标相一致。另一方面，学生的成长、成才对制度体系建设有一定的推动作用。大学校园文化的制度育人既注重制度资源本身的育人、制度化过程中的育人，也关注制度文化生活方式育人。显性的大学校园文化育人制度因内含优秀的制度传统，内含育人的价值理念，从宏观上形成育人的大氛围，通过校园人对制度的认可和实施，隐性的大学校园文化的制度从微观上形成具体的育人格局。这样通过制度化的育人方式，其实效将不断地被继承和巩固。

大学校园文化的制度育人最终要付诸实践，实践是其价值存在的基本要求。校园文化制度的文本形式不能仅仅停留在制度设计的表层形态，而要不断付诸实践，这样才能体现其深刻的育人内涵，否则将难以发挥育人功能。"制度化"就是先在小范围进行实践活动，通过评定后推广到更大范围来影响更多人的实践活动，也可理解为将初期的制度观念规定化，被大多数群体认识并放映在自己的实践活动中。大学校园文化的制度本身在实践中进行，在实践中发展，在实践中育人。另外，参与主体在校园文化制度活动的实践过程中能发现问题，并制定与校园文化活动相适应的教育制度，将制度付诸实施，引导校园文化活动，形成制度化的校园文化氛围，对参与其中的校园文化主体又起到渲染作用，达到育人效果。大学校园文化的制度体系建设是实践的，是在社会历史过程中不断完善和发展的。社会历史性是实践的基本特征，大学校园文化的制度体系建设也具有社会历史性。当下校园文化制度体系建设应继承优秀的传统制度，在以往校园文化制度的基础上进行目的、内容、模式的变革，连接校园文化制度的过去和未来，制定与新时代人才培养相符的大学校园文化制度。

三、校园文化育人功能的思考

作为培养高层次人才的教育组织，各个高校间存在共性，与之相应的校园文化也具有一定的相似之处。然而，当前高校面临严峻的竞争。早在21世纪初，就有业内人士表示，我国高校将面临更加激烈的生源和师资竞争。面对这一客观发展趋势，高校除了从师资队伍、人才培养、学校建设等方面提升学校整体层次外，构建具有特色的校园文化不失为提升高校竞争力的有效途径。

校园文化作为高校在长期发展过程中形成的历史积淀、人文品格和价值理念，它通过内在与外在的形式予以彰显，并最终服务于高校发展。如军工高校应始终坚持发扬军工优良传统和作风，始终坚持"国家利益至上、民族利益至上"宗旨，通过开展校园特色活动、营造特色校园文化育人氛围，结合学校实际，教育师生树立正确的世界观、人生观和价值观，形成特色鲜明的校园文化。

（一）光大军工高校优良传统

通常意义上所说的军工院校，是指学校特色专业是为国防科技工业局服务的院校，比如1999年国务院对高校管理体制进行调整后，将包括北京航空航天大学、北京理工大学、哈尔滨工业大学、哈尔滨工程大学、南京航空航天大学、南京理工大学、西北工业大学在内的七所高校列为国防科工委所属学校。2008年，随着国务院撤销国防科工委，成立国防科技工业局，以上高校也随之划归工业与信息化部管理，军工高校与教育部所属的其他高校一样，"坚持社会主义办学方向"目的都是培养德智体美全面发展的社会主义建设者和接班人。军工院校因其独特的建校背景和发展历史，在发展过程中也形成了独特的军工院校传统，而特色校园文化的构建离不开与学校优良传统的结合。

（二）转变思想观念，加强军工校园文化建设

军工校园文化建设是一项长期的系统工程，军工校园文化根源于军营文化，同时受到社会上各种文化的侵蚀和影响。因此，加强军工校园文化建设不能完全按照主观想象去盲目创造，而必须在吸收历史的、现有的文化成果的前提条件下，对现有校园文化和社会主流文化加以融合、改造和创新。

第一，要转变思想观念。加强军工校园文化建设，对学生进行爱国主义教育时应该做到教育内容实例化、透明化，让学生看得见、摸得着、简单可行。一是充分发挥各学科的主渠道作用，把爱国主义教育与各学科的每一堂课有机结合，经过长时间的积累，使学生受到深刻的爱国主义教育。二是把爱国主义教育融入日常活动当中，通过开展读书、看报、升国旗、唱国歌等爱国主义教育活动，在军工校园中积极营造爱国主义文化氛围，在校园里，可以充分利用校园环境展示出爱国主义英雄人物画像及事迹，可以为学生树立爱国主义模范。三是通过组织学生参观革命遗迹和革命纪念馆的学习,培养他们的爱国情结,提升学生的爱国主义思想。

第二,要方法灵活。目前我们正处于社会转型时期,学生的价值观念急剧改变,当代青年人自我意识较强。因此,我们必须注重宣传爱国主义教育的方法。要结合当今社会的特征,不断地提高我们的宣传方法,还要充实宣传内容,并且从多方位、多角度、高层次、高品位满足当代青年学生升华爱国主义情怀的需求。我们可以采取青年学生容易接受的方式,开展开放性和趣味性的爱国主义宣传。

第三,要固化措施。要保证爱国主义教育有很强的执行力,教育方法要灵活的同时,行动上需要有"具体的可执行的"措施。首先,我们需要制定科学化、制度化、规范化的爱国主义宣传的实施细节,强调爱国主义宣传的目的、内容、方式及奖励,有效地提高政工部门的宣传力度。其次,要树立爱国主义的榜样和典范,大力宣传杰出人物的爱国主义事迹,以其人其事鼓励学生。最后,政工部门要制定相应的责任制、考核制。对具有爱国主义思想、素质较高的学生给予肯定和奖励,对那些在爱国主义思想上存在着问题的学生,及时给予批评指正。"保家卫国"是宪法赋予我军的神圣职责,也是军校学生爱国主义情操的本质体现。我们谋求在复杂多变的国际环境中搞建设、求发展。但是,我们必须面对一些敌对势力的挑衅。不管是国内的时事政治,还是国际的时事政治,都应该成为我们关注的焦点。作为一名军工科技人才,必须关心国内外的政治、军事、经济热点,将保家卫国的思想贯穿于学习实践活动全过程。并且学生要具有强烈的民族自尊心和自豪感,时刻想到保卫国家、保障人民的生活及财产安全。

(三) 培养国防科技创新人才

校园文化建设的主体是学生,这种文化建设营造的是一种和谐、自由、创造的学术氛围,倡导的是一种独立思考和独立创造的精神,开展的是勇于开拓、不断创新的实践活动,这些都为国防科技创新人才的产生和成长提供了丰富的营养和良好的外部环境。

第一，提供引路导航。建设军工校园文化就要提倡学生坚持真理、追求真理，敢于挑战传统、挑战未来，做到"吾爱吾师，吾更爱真理"。军工校园文化建设赋予学生坚强的意志、过人的胆略、独立的个性和丰富的情感。创新人才面对的是一个未知的世界，是前人所没有走过的路，他应当具备坚强的意志和胆略，具备向未知事物挑战，向高难领域探求的心理品质，不迷信权威，不盲从传统观念和社会偏见，独立、大胆地提出新观点，敢于坚持真理，勇于承认错误。

第二，提供物质基础。图书馆建设、校园网络建设、校园环境的美化等都为学生创造力的培养提供了强大的物质保障。学校的图书馆、资料室具有丰富的藏书，在开阔眼界、获得知识、培养能力的过程中起着重要的作用。现代社会的信息量越来越大，传递的速度、更新的频率越来越快，而网络建设为学生知识的更新和信息的交流提供了便捷的方式。面对不断变换的未知世界，学生的思维能力、应变能力得到发展，可以适应现代高科技战争的需要，适应当代国防科技工业发展对人才的需要。美丽的校园、良好的人文环境有利于大学生对知识的钻研和探讨，有利于军人文化素质的形成。因此，军工校园文化的有效物质载体的建设对培养学生的科技创新精神、创新能力不可或缺。

第三，提供实践机会。一所学校有没有生机，学术思想活不活跃，学生具不具备创新意识、开拓进取的精神等，往往能在各类校园文化活动中体现出来。所以，学校开展融思想性、知识性、趣味性为一体的丰富多彩的军工校园文化活动，为学生最大限度地搭建了发现自我、认识自我、锻炼自我、创造自我的平台，有助于广大学生丰富知识、开阔视野、勇于创新。大学生通过策划、设计、组织、实施、参与各类学术科技活动、军事竞赛活动、文化娱乐活动等，使竞争意识和进取精神得到培养，创新意识和创新能力得到提高，最终成长为国防科技工业进步、社会发展所需要的科技创新人才。

第四章　校园文化形态和文化活动

校园文化可以从静态和动态、形态和活动两方面阐述，才能更全面地了解校园文化的类型和价值功能。

校园文化形态主要指校园生活文化、艺术文化、小群体文化和社团文化等；校园文化活动主要有节假日纪念活动、社团活动、科技活动、学术活动、文艺（娱）活动、体育活动、宿舍文化建设活动、社会实践活动等。

第一节　校园生活文化

"生活"一词涵义较广，可以概括人的一切活动。这里所说的"校园生活"，主要指校园日常生活，包括闲暇消遣和生活消费两大部分。

所谓校园生活文化，是指校园生活的方式、状况、特点以及通过校园生活所体现出来的时间观念、消费观念。校园成员在闲暇时间所进行的活动、活动方式、时间安排以及通过这些体现出的思想观念，我们称之为闲暇文化；校园成员生活消费的内容、消费方式和消费观念等，我们称之为消费文化。

一、闲暇文化

学校成员一天中除去上班、上课、睡觉和就餐时间以外，其余时间主要由自己来安排。在这段闲暇时间里干什么、怎么干，学校一般不加干涉，可以上图书馆，可以去教室，可以逛马路，可以探亲访友，可以三五成群的闲聊、找乐等。因此，校园成员特别是学生的闲暇时间如何度过，闲暇生活如何安排，以及如何引导他们把闲暇生活作为学习知识、培养技能、掌握本领、陶冶情操等课堂教育的延伸，就颇值得学校管理者的重视和研究。校园的闲暇生活，内容丰富多彩。概括起来，其方式大致有以下几种类型：

1. 学习活动

学生的主要任务是学习知识和技能。知识和技能，就其性质而言，有专业的和非专业的。对于学生，专业知识和技能就是其就业、从业的"饭碗"，绝大多数人都比较重视。因此，在闲暇时间里，这些学生的生活内容仍然是学习、阅读，完成课堂教学所布置的作业；同时自觉地博览群书、开展各种形式的调查研究，以拓展自己的知识面，提高思维能力，促进全面发展。

2. 体育活动

青少年学生天性好动，大中学生尤其如此。每到下午课后，校园里各运动场地、场所，总不会有空闲，即使在雨天，也能见到几个"铁杆"运动员的身影。目前，各类学校的体育设施逐步完备，爱好体育的人数逐年增多，体育活动的气氛逐渐浓厚，这为安排学生的闲暇生活提供了良好的条件。体育活动对学生身心发展和心理健康十分重要，如"三大球"和"两小球"运动等，既是体魄的锻炼，又有助于思维方式的改进；比赛形式的活动更是有助于竞争意识的培养，形成良好的得失观。

3. 文娱活动

多种多样的文娱活动，是校园闲暇生活的重要内容。舞会、音乐会、文娱晚会、吉他弹唱、棋牌比赛等等，是近十年校园文娱活动的常设项目。特别是跳舞，几乎成为现代青年人的一大爱好。在大学里，绿色的日历促使周末意识的觉悟，每当夜幕降临，悠扬的乐曲在校园回荡，在彩灯闪烁之中男女学生各展风采，充分陶醉在"舞旋"里。

4. 交际活动

在校园闲暇生活中，交际活动是不可缺少的内容。走亲访友、聚会、参加集体活动等，都是学生所常用的交往形式。人际交往是学生成长发展的重要机制，也是他们逐步社会化的重要途径。在交往中，他们的情感需要可以不同程度地得到满足，并且能够在相互交流中更加全面地认识自己。在交往对象的选择、交往范围的确定、交往方式的采用以及与异性交往的原则等方面，当代学生之间具有相当大的差异。我们主张学生要多与有理想、有学识、有良好道德品质的人交往，少与胸无大志、不思进取的人交往。

5. 科技活动

课余科技活动是学习活动的继续，是一定知识积累基础上的升华。现在中小学都有许多课余兴趣小组，如无线电兴趣小组、航模兴趣小组等，大学中的科技兴趣小组更是有组织、有规模。这些兴趣小组调动了学生的学习积极性，提高了对相关课程的认识与理解，同时也培养和发展了他们的智力水平，不断地激发其创造欲望，有利于将来更好地发展。学生的课余科技活动与其专业或课程学习往往是一致的。学生学习的是人类先进的知识，探索人类知识的未知领域是他们的天职，这种探索过程，能激发学生产生许多科技成果。

将学校成员的闲暇活动分成了五种类型，只是相对而言。从五个类型关系来看，学习活动主要是人与知识间的关系，文娱体育活动是学校成员锻炼身心的好形式，交往活动是良好的人际关系形成、学校成员社会化的重要途径。学习活动（科技活动）、文娱活动和体育活动、交往活动之间的比例关系大约是2∶3∶1。当然，这种比例关系是在不断变化的，其原因是不同阶段学习活动所占的比例多不相同。学生闲暇时间中，学习时间的多少，主要受制于社会环境。学校的存在是长期的、稳定的，而学生是流动的，社会需求状况、社会对知识的重视程度及对各门学科的不同评价，制约了整个校园的学习风气和不同学科学生求知欲的强弱度，从而决定了学生闲暇学习的状况。此外，学生个人成长过程中所受的教育、学生自身个性、思维因素等，都会影响他们闲暇学习情况。

学生闲暇生活方式好与否、合理与否对学生的成长有着较大影响。首先，良好的闲暇生活方式可以提高学生的知识和身心素质。就闲暇生活的直接效果来看，学生闲暇时间中的学习情况与学习成员成正比例关系，即课余学习时间越长，质量越高，反映在学习成绩上的效果也就越好。据戴钢书等对武汉地区高校的调查表明，高分学生课余学习时间一般在3小时以上，而低分学生则一般低于2小时。

其次，良好的闲暇时间可以培养高尚的思想道德品质。学生思想道德品质状况与其闲暇生活方式是密切相关的。在课堂教学以外的闲暇时间里，他们广泛地接触社会生活，受到社会生活各个方面的影响（包括政治观、人生观等诸多方面的内容），这与他们在课堂上所学习的往往有一定的差异。处于成长阶段的学生世界观尚未成熟，对社会生活的种种现象，尚不能很好地把握。因此，就要求学校对学生的闲暇生活予以足够的重视，对学生加强教育引导，帮助他们建立良好的闲暇生活方式，使他们以学习为主，进行积极的、健康的人际交往，在文体娱乐活动中注意加强自身修养，克服各种不良倾向，这对培养学生高尚的思想道德品质是有积极作用的。

再次，良好的闲暇生活方式可以锻炼学生的社会生活能力。学生的交往活动主要是在闲暇时间中进行的，这种交往活动是一种自主行为，也是他们逐步实现社会化要求的一种必然行为。大中学生在求学阶段如果能够积极地进行人际交往，善于区别不同的交往对象，掌握人际交往中的原则和方法，扩大自己的交往范围，那么就会使自己的交往能力经受锻炼，能够形成良好的人际关系，对将来他们走上工作岗位也是非常有益的。

总之，闲暇生活是一面镜子，可以反映学生的思想观念的变化，而且还可以从中看到学生个人、学校和社会存在的一些问题，从而对学校的管理工作提供有效的依据。在学校闲暇时间的结构上，我们可以看出，最近几年，大部分学校学生的学习时间所占比例与过去几年相比要小，教室的晚自习、图书馆的利用率情况也比以前差，学生的学习状况令人一年比一年担忧。造成这种状况的外部原因，当然与社会对知识的评价不高有关，而内部原因则是现行教育体制上存在着知识更新与社会发展相脱节等一系列问题。因此，为使青少年学生成为合格的有用人才，就应该建立一种围绕学习这个中心环节的，格调高雅、健康有益的校园闲暇文化。

二、消费文化

消费文化主要是指学校成员在消费问题上形成的一定的消费习惯、消费方式和消费观念。由于教职工的消费与其他社会成员并无太多区别，因此，这里主要对学生消费文化作一些研究。

从生活来源上看，学生主要是靠家庭来支付生活费用的。少数学生可以获得国家和一些社会团体及个人所提供的奖学金；一些家境不济的学生可以获得国家提供的无息贷款；一些学生也可以通过自己的劳动，如勤工助学活动，从而得到一部分费用；近年来，有些学生也加入到社会经商大潮中，炒股票、投机发财的也有。以上类型在学生中毕竟是少数，大部分人还是依靠父母、兄弟姐妹及亲戚朋友支付生活费用。

由于学生各自家庭条件不同，能够支付给学生的生活费用也多少不等，因此，每个学生的经济状况也就不大一样。大致可以分为三类：

贫困型。生活费用来源有限，而且主要用于解决吃饭问题，一般伙食标准较低，可用于其他开支的钱很少。

富裕型。生活费用来源充足，可以享受较高的伙食标准，并且有较多的钱用于购书、游玩和影视娱乐活动，穿戴考究，用钱大方。

中间型。介于贫困型和富裕型两者之间。

从消费过程来看，多类学生的消费，表现出无计划性与浪费严重的特点。中小学生大多数是"小皇帝""家庭轴心"，这方面的情况自不待言。作为远离父母、家庭的大学生来说，这种状况仍很严重。进入大学以前，他们的生活由父母料理，入学后，他们往往不知道如何计划生活，哪些费用是应花的，他们不具有这些概念，结果有些学生是买了高级服装，而吃饭只能喝汤了，一旦家里补给跟不上，就只好东挪西借。学生浪费严重是目前高校有目共睹的大问题。近年这方面的报道连篇累牍，例如一些好好的衣被或生活用品弃之并不觉可惜，蚊帐一挂几年不洗，脏了就扔，至于学校食堂泔水养几百头猪的那更不稀罕。造成这些现象的原因，主要是他们缺乏艰苦创业的思想意识，又缺乏劳动观念，实为长期娇生惯养所害。

从大学生消费的总体倾向看，超前消费是一种普遍情况，即他们的生活费用有超出家庭实际支付能力的倾向：普遍追求高消费、高标准，互相攀比，轻节俭、图享受。一些学生购置的衣物与其家庭条件很不相称，有的学生甩出的派头很大，殊不知这还是刚刚借贷而来的。到了发奖学金、助学金时，更是消费的高潮，一顿吃掉全年奖学金的不在少数。"财政赤字"对一些学生是家常便饭，借路费回家的绝非个别情况。

面对学生的消费状况，作为学校应该如何加以正确引导呢？我们以为，途径有以下几条：

第一，应该教育学生树立勤俭节约的观念，反对大手大脚，铺张浪费，形成良好的消费习惯。勤俭节约是中华民族的传统美德，不管在什么情况下，勤俭节约这一条是不能丢的。学校应采取措施，加强管理，引导学生逐步走上生活自理的道路，培养他们的进取意识。一方面要勤俭节约，另一方面要想办法自己挣钱，如勤奋学习争取奖学金，在不影响正常学习的前提下，参加勤工助学和社会服务活动，以获取部分生活费用。

第二，应该加强生活上的指导，帮助提高他们的生活自理能力，有计划地进行消费。目前各级学校（包括高校）这方面工作显得较为欠缺，没有专门组织进行消费指导。这个工作在新生进校以后就应着手进行，并且不可停留在简单地说几句的水平上，应该通过具体的数字、事实、高年级学生现身说法以及教师的体会介绍等多种形式，让学生得到清晰具体的指导。

第三，应该征得家长配合，做到学校、家庭两头教育，注重监督。需要指出的是，学生的消费问题不是靠学校教育引导就能解决的，需要社会与家庭的密切配合，共同教育。学生家长应该认识到，学生生活费的多少与学生成绩的好坏并不是一一对应的必然关系。因此，在支付他们生活费用的时候应以"够用"为原则。"够用"概念是指一般水平，不能太少，否则学生生活压力很大，无法集中精力学习；也不能太多，否则，一方面会逐步导致学生中一些不良意识的滋长，影响整个校园的风气，另一方面，这对学生本人培养正确的生活态度、道德意识将会产生消极影响。面对这些现象，学校除与家长配合共同教育外，还应该建立必要的监督机制，对校园内的各种不良消费现象进行有效的监督控制。

第二节　校园艺术文化

一、校园艺术文化的概念及功能

校园艺术文化，是指校园成员的艺术修养、对待各种艺术的态度和审美情趣，以及通过艺术活动所形成的各种艺术成果的总和。校园艺术的内容很广泛，包括音乐、舞蹈、文学、书法、绘画、美术制作等。

校园艺术文化，是整个校园具体文化形态的有机组成部分，在校园文化的建设中起着独特的作用。其功能主要体现在：

第一，丰富、活跃校园业余生活，使得校园成员在学习、工作之余获得更多方面和更高层次的艺术知识，开阔艺术视野，提高艺术修养。第二，校园成员可以通过各种艺术活动，锻炼身心，陶冶情操，同时使思维方式得到调整，思维能力得到提高。第三，丰富多彩、积极向上的艺术活动，有助于在校园形成一个良好的艺术氛围，一方面对学生的全面发展产生积极影响，另一方面对推动整个校园文化建设朝着高格调、高层次方向发展起到积极作用。

校园的特殊性质决定了校园艺术文化的特色。在格调上，校园艺术文化要求积极向上、催人奋进，而排斥那些庸俗的、粗浅的、颓废的东西；在内容上，校园艺术表达的多为探索、思考与抒情的主题，这些主题往往是社会环境与校园特色结合的产物。对社会和人生的思考，是校园里永恒的主题，校园艺术文化正是通过各种特殊的方式来表达这个主题的。

二、校园艺术的主要形式和内容

校园是充满青春生命的空间，校园艺术是生动活泼、丰富多彩的。概而言之，校园艺术主要有以下几种艺术形式：

1. 歌咏

歌咏是校园最为通俗的艺术形式。因为通过歌声可以表现一个人的生理特点和年龄个性，可以流露一种心理情感，抒发对大自然的热爱及对社会人生的态度。例如《小燕子穿花衣》，表现了儿童的无邪；《让我们荡起双桨》，表现了少儿的欢畅活泼；《一个人黑暗中寻觅》，表现了青年的忧郁迷茫。再如《春天里百花香》，透出了少儿的得意；而《我不知道》，则纯粹是青年人用于发泄情感的吆喝。在校园里，完全追求艺术美的歌咏并不多见，而完全追求政治色彩的歌曲也只有在纪念重大政治性节日期间才流行，实际上，大多数人咏唱只是因表现个性而歌，因发泄感情而咏。

恢复高考制度以后，知识受到社会的普遍尊重，大学生有很高的社会地位，作为"天之骄子"很自然地就会用"夕阳""乡间小路""牧童"和"沙滩"来表现自己的闲情逸致。当今校园歌曲中，"问个不休""一次次徘徊在十字街头""一无所有"等，充分表现了当代大学生一种强烈的失落感；而"我的未来不是梦，我要认真渡过每一分钟"，又表现了他们对待人生的一种态度，似乎正从失落的低谷走出来，有所追求。

总之，站在一定的高度审视校园歌曲发展的轨迹，可以从一个侧面反映出校园人的心态，同时反映出校园艺术文化的时代特征。

2. 文学

校园文学是植根于校园这块土壤之中的艺术，表达的是校园人对自然、社会和生活的感受。它有助于启发校园人对世界的认识和思考，有助于校园人对生活和自身的把握，从而也有助于他们形成和确立正确的世界观与人生观，并且对其政治观、道德观等各个方面产生重大的影响。目前校园文学的发展，尽管取得了较好的成绩，出现了一批较有质量的作品，但有些问题是令人担忧的，主要表现在视野上不够开阔，囿于个人小圈圈而缺乏对社会、民族的认识思考；在层次上缺少深入思考，停留在对表面现象的认识而没有进一步的理性思考；在文风上着意作品的华美，甚至玩文字游戏，言之无物，浅露苍白。一段时间以来在校园里风行的一些文学作品也是如此，琼瑶、三毛、席慕蓉、汪国真等，就这些作品的内容看，琼瑶诉说的是感情纠纷，席慕蓉表现的是柔美，而平静、淡泊则是汪国真的主题。这些作品代表着一种风格，本身并无可非议，但这种风格成为校园文学的主旋律却颇值得研究。

3. 舞蹈

校园舞蹈大致有三种：一是大众化的交谊舞；二是狂放不羁的现代舞；三是带有表演性质的舞蹈。在校园里，特别是大中学校园里，由于表演性质的舞蹈要求较高，需要专门训练，而现代舞又往往有失文雅，于是交谊舞在校园舞蹈就成了主要形式。像通俗歌曲一样，交谊舞在一些人看来算不上什么艺术，特别是今天的青年跳舞又不那么正规，很多人是随心所欲的"随步舞"。因此，舞场里很难见到几位能跳像样的探戈、伦巴等，倒是一些老教师，舞步轻盈，姿势规范，讲究造型，很有点艺术情趣。

4. 其他形式。

校园艺术还有很多形式，如集邮、书法、篆刻、绘画、器乐、棋艺等等。丰富多彩的艺术活动构成校园文化一大景观。很多高校乃至中学都组织一年一度的校园文化艺术节，汇集师生员工中的艺术人才及其作品，内容相当丰富，是对校园艺术文化水平的检阅。这种大型的、综合性的文化艺术节，具有参与人数多、涉及内容广、经历时间长等特点，特别由于是校园人自己组织、自己参加并作用于自己，因此，倍受师生的欢迎，所产生的影响也就特别大。

三、丰富校园艺术文化的途径

校园的整体艺术水平，一般总比其他一些人群要高，但又比不上专门的艺术工作者。在现代校园里，能唱歌而不识谱者不在少数，不会欣赏交响乐和其他艺术作品者，则人数更多。在审美态度上，校园内一定程度上存在"玩"艺术的倾向，更应该引起我们的重视。

我们认为，要丰富校园的艺术生活，形成良好的艺术氛围，提高师生的艺术修养需要做好以下几方面工作：

1. 要有一定的教育、管理措施

校园艺术形式有优劣之分高下之分，学校应该鼓励开展那些内容健康、积极向上的艺术活动，摒弃低级趣味、格调低下的成分；提倡寓教于乐、言之有物的艺术形式，反对"闺阁文学"之类的流行；培养健康的审美意识，反对庸俗的、低级趣味的情调。在艺术活动的组织和管理上，应订立必要制度，切实加以引导，使校园艺术系统化、高雅化、制度化。

2. 要有一定的物力投入

书画展、学生乐队排练、舞蹈等许多艺术活动，都需要一定的场地、器材。没有一定的物质投入，就不能有多少产出。学校各级组织应该认识到校园艺术对人影响的无意识性、长期性和潜移默化性，树立艺术和美学的观念，在物质上给予支持，以促进校园艺术文化的健康发展。

3. 要加强师资队伍建设

目前，我国整体艺术水平还较低，作为文化知识中心的学校，艺术教育还很薄弱。中小学艺术师资匮乏，艺术活动设施短缺，已严重影响到学生的全面发展。因此，培养一支素质较好的艺术师资队伍，这是摆在教育部门和各类学校面前的艰巨任务。学校应充分利用现有师资条件，注意发掘、培养师生中的艺术人才，因校制宜，造就一支艺术教育的师资队伍。

4. 要认真组织好校园文化艺术节

举办校园文化艺术节是推动校园艺术文化的好形式，目前有关学校特别是高等学校，把它作为校园文化建设的重要内容，做到一年举办一次，取得了良好效果。因此，学校应该予以高度重视，除了给予物力、人力等必要的支持外，还应该加强校园文化艺术节的直接领导，把握艺术节的主导方向，丰富艺术节的内容，充分调动校园师生的积极性，从而形成一种积极的浓厚的文化氛围，以推动校园文化的全面发展。

第三节　学校小群体文化

一、小群体文化概述

学生群体，按规模大小，有大群体和小群体之分。学生班级、宿舍和属于非正式组织范畴的非正式群体，是小群体的几种主要形式。

在校园文化的主体中，除了单个的师生员工以外，还存在小群体形式的主体，它通过群体心理、群体价值观、群体行为和群体规范等构成校园文化的一部分，其参与途径一方面是群体成员的个体作用，另一方面是超越个体作用总和的群体作用。因此，研究校园文化，不能不研究小群体现象。

根据现有研究成果，学生小群体的形成一般具有两个特征：第一，时空相似，人际交往密切。一般而言，学生在校园中接触最多的是班级同学、宿舍室友和一些非正式群体成员（如同乡等）。他们在时空上相近，在背景上相似，又共处于同一校园，踩着同样的生活节奏，学习、娱乐在一起，互动频繁，互相比较了解，因而交往比较自然，人际关系也较为密切。第二，感情交流较多，对个体影响较大。学生生活在校园内，与小群体其他成员所处环境相同，年龄相近，文化层次相当，相似之处较多，有着广泛的共同语言，因而易产生认同感，交往的情感色彩浓厚，往往能结成深刻的友谊。小群体的上述特点，决定了小群体文化内容的整体面貌。

所谓小群体文化，是指小群体成员共同创造形成的，由群体心理、群体价值观、群体行为等构成的文化现象。主要包括以下内容：

1. 由群体成员交往互动而形成的群体意识

小群体成员在群体交往中，在认知基础上，产生了对群体的情感，如对群体的责任感、荣誉感、自豪感等，在这种感情的支配下，群体成员自觉地将自己的言行与群体联系起来，一方面通过自己的言行对群体产生一定的影响，另一方面他们又受到来自群体本身的制约或鼓励。在这种互动的过程中，群体成员的群体意识得到了强化。

2. 群体价值观

价值观是校园文化的核心内容，从主体层次角度看，大致分为学生个体的价值观、小群体价值观和校园价值观。群体成员的价值观相互影响，形成群体的价值观念体系；而群体价值观体系又制约和影响个人价值观念的形成与发展。在小群体中，部分成员是以在对社会作出贡献的过程中实现自我价值理想，当这种观念产生影响形成一种氛围时，使形成了群体价值观，进而影响所有成员。

3. 群体行为

简单地说，群体形为就是群体成员的个体行为和以群体为主体产生的行为。这种受群体意识影响和制约的群体行为，是群体价值观的具体表现形式。在小群体中，群体行为对群体意识和群体价值观的形成与变化起着积极的影响。如班级之间开展的一些竞赛活动，就有利于培养和强化其成员的集体意识，产生较强的向心力，提高班集体在其成员个人价值体系中的地位，从而影响形成班集体的价值观。

小群体文化处于整个校园文化体系的关结点上，它由群体成员共同创造又反过来影响个体意识、价值观和个体行为，是校园文化的一个重要组成部分，具有自己的特殊地位。因此，我们把小群体文化列出来，并以宿舍文化、班级文化和非正式群体文化为重点，对小群体文化作进一步的研究。

二、宿舍文化

宿舍文化是指学生在宿舍这一特定的空间所表现出来的种种文化意识和行为，包括宿舍成员的思想意识、道德观念、生活作风和行为方式等内容。如宿舍环境的布置与装饰、宿舍成员的生活习惯、宿舍语言以及熄灯以后的"卧谈会"等，都是宿舍文化的具体表现。

学生宿舍环境具有文化气息浓厚的特色。在寝舍里，多种体育、文娱器材随处可见；每个学生的床头或多或少总堆有一些书籍，这些也是区别于其他社会青年的一个显著之处。在宿舍的装饰上，一般总有几张人物肖像画或明星剧照、生活照，女生宿舍里总少不了几件小摆饰。有的学生宿舍还自己动手创作墙报，有的还给自己宿舍取了有趣的名字，如"总统府"等。

宿舍成员之间的交往，是学生人际交往中最为密切的。成员之间互相支持和保护，集体观念普遍较强，甚至还有的排行"老大、老二……""七姐八妹"来加强宿舍凝聚力。老大往往享有一定的"权威"，负有对其他成员进行保护的职责。当然这种现象反映出当今学生同样具有中国人"在家靠父母，出外靠朋友"的传统心态，对此需要加以引导和教育。

宿舍文化还体现在其成员行为上。宿舍文化行为，主要侧重于日常生活方面，但学习行为、娱乐行为也占相当的比重。其中宿舍里的"卧谈会"便是一大特色，从饮食、穿着、生活趣闻、个人志向、男女情谊到学术动态、社会热点、天文地理什么都可以议论。

宿舍文化对学生的成长和校园文化建设都有很大影响，积极面和消极面同时存在。

在思想观念方面。宿舍成员相互之间没有什么约束，可以自由地交流各种情感和思想，这种较为自由的思想交流，有利于学生思维能力的培养，也可以帮助他们树立正确的思想观念。但也有部分学生辨别能力不强，不能正确分析形形色色的思想，如帮派、自由化等一些错误的思想观念在宿舍中时有流行。

在人际交往方面。由于宿舍成员一起学习、生活的时间相当长，在处理集体的或个人的人际关系时，可以得到比较全面的锻炼，从而培养各自的交往能力。但从消极面上看，宿舍成员在交往过程中往往或多或少存在一些不良倾向，如交往方式停留在浅层次的吃喝玩乐上，而缺乏深层次的志趣、信念基础上的交往等，这就需要通过教育手段来加以调整和提高。

对校园文化建设的作用方面。宿舍文化在整个校园文化体系中占有重要位置，当两者发展方向一致时，宿舍文化对学生集体意识的加强、良好人际关系的形成、建设积极向上的学风，都有很大的推动作用。而当其发展方向与校园文化建设方向背道而驰时，其消极破坏作用就表现得很明显。如一旦有只注重享受生活而不愿努力学习的不良倾向抬头时，一旦有自由散漫作风以及低级庸俗的审美情趣滋长时，其对良好校风的形成和校园文化建设所起的反面作用是较大的。

由于宿舍文化具有正反两面的作用，故而在建设宿舍文化时，应遵循以下几个原则：

集体主义原则。生活在宿舍这样一块小天地中，成员之间难免发生一些冲突，如果每个人处理问题都只是从自己的利益出发，不考虑他人和集体的利益，那么这个集体就很难维持下去。因此，必须反对个人主义，以集体主义作为调节人际关系的原则，提倡成员之间的平等交往、互相帮助和团结友爱，处理问题时，尽量考虑其他成员的利益，以集体利益为重。

娱乐与学习相结合的原则。学生的主要任务是学习，我们要注意宿舍学习风气的培养，注意发挥群体效应对个性的作用；注意劳逸结合，重视娱乐生活对促进学生全面发展的重要作用，做到娱乐与学习的合理结合。

积极健康的原则。要注意宿舍成员的思想动向，对一些消极不健康的思想应有所警觉，引导学生向积极健康的方向发展。在学生宿舍中，形形色色的文化、思想都有一定的市场，经常谈论的话题中，有积极健康成分，也有消极庸俗成分。在积极和消极、健康和腐朽的文化、意识相互碰撞的时候，特别要注意引导学生向正确的方向发展。

总而言之，宿舍文化建设是学生进行自我教育、自我管理的过程，学校要通过一定的方法和措施加以引导和疏导。

三、班级文化

班级是一所学校学生的基层组织，也是课堂教学的基本单位。学生身份序列是按班级划分的，多数活动也是以班级为单位参加的，因此班级文化的建设就成了校园文化建设中的重要环节。

所谓班级文化，是班级成员通过多种活动而形成的集体心理氛围、班级组织和交往行为，以及通过班级所体现出来的群体价值取向、意志品质和思维方式、思维能力等。

1. 集体心理氛围

集体心理氛围是集体成员共同创造的，它以一种潜移默化的方式对班级成员起作用。学生进入校园以后，结成了一个个班集体，在班级成员个人活动和以班级为单位参与的各种活动中，班级成员产生了集体的感受、情感、习惯和舆论等，形成了一定的集体心理氛围。这种心理氛围对班级每个成员都产生作用，成为他们的态度、价值观和影响他们行为的重要因素。如班级成员中普遍存在的集体认同感、荣誉感等，都会促使他们把集体放在价值体系中的重要位置上，并以自己的行为来维护集体的荣誉。在以班级为单位参加的一些体育比赛、学习竞赛等活动中，班级成员的这种集体意识就表现得尤为明显。此外，班级荣誉与个人荣誉是联系在一起的，有时个人荣誉甚至得不到体现，集体荣誉则是最主要的。

2. 班级组织与人际交流

班级是学校中的一级正式学生组织。在班级中有班委会、团支部，班级成员充当不同的角色，有的担任班委，有的担任团支部的干部，有的担任组长、课代表，而有的则为一般成员。班级工作是在上级组织的领导下，在班级成员的配合支持的基础上，由班级学生干部具体负责执行的。对学生干部来说，他们负有搞好班级工作的责任，在工作中必须注意正确地行使自己的职权，积极为同学服务，善于团结同学，注意民主作风的培养。对一般成员来说，则应服从组织领导，积极支持班级工作，参与各项班级活动，这样两方面的结合，才能使班级组织正常运转。班级成员的人际交往也具有一定的特征，在宿舍文化圈和社团文化圈中，学生交往的自主性和选择性较强，而在班级文化圈中，占主导地位的是学生的整体性，其人际交往是受到一定限制的。

3. 班风

班风是班级各种风气的总和。其中学风是班级文化的主要表现，反映了该集体成员的价值取向（学习态度）、意志品质和思维能力等多方面的状况。学生个人的价值取向一方面受到环境的影响（包括社会环境和家庭环境等），另一方面也受到自身各项素质的制约。学生的学习状态是其价值取向的具体体现，而意志品质则是其学习态度形成的一个基础，思维方式和思维能力是实现其价值取向的手段和保障。班级学风是由班级成员共同创造的，反过来又对每个成员产生一定的影响，这是互动的两个方面。班级在一些学习态度、意志品质较好的同学带动下，会形成一股积极向上、勤奋学习的好风气，这种风气一旦形成，会对每个成员产生积极影响，促动包括学习态度较差的成员在内的所有人勤奋学习。相反，班级中由于那么几个学习成绩较差的学生影响，会使得班级风气不正。从微观角度分析，目前学校中存在着一套以学习成绩（主要是考试成绩）把学生分为"三六九等"的体制，因此，一个班级内就必然存在"上三等"与"下三等"，这种做法似乎有一定道理，实质上不利于促进所有人努力学习，如何解决这个机制问题以促进优良学风的形成，还需要不断研究、探索。

班级文化建设应坚持一条总的原则，即培养适应社会主义建设需要的专门人才，培养有社会主义理想，有一定理论水平和工作能力的管理人才。而衡量这些人才是否合格的标准，则要到校园以外，即是否满足社会需求和现代化建设需要。只有确立这个原则，才能保证教育的正确导向，才可能形成一个科学的管理系统，才能达到学校教育的最终目标。

班级文化建设必须坚持管与教相结合的原则。思想政治教育是学校管理的保证，在班级文化建设中是一个主要内容，而班级管理则是学校管理的前提和基础，应该建立如班级公约等规章制度，进行制度化、规范化管理。另外，班级管理还应注意少一些定性分析，多一些量化考核，注重从平时抓起，从细节抓起，使得管理更为具体、更为细致。

班级文化建设应以抓好学风为主。学风是班级文化的集中表现，也是促成达到学校教育目标的主要动力，学风状况如何关系到教育工作的成败。因此，在班级这一环节上抓学风建设就具有特别重要的意义。另外，良好的集体心理氛围的形成以及组织观念和正确的人际关系交往方式的培养，既有利于良好学风的形成，也有利于学生获得全面发展。只有狠抓学风，班级才能风正、情浓、人和美，才能创设优良的心理氛围，促进学生健康成长。

四、非正式群体文化

学生非正式群体是由学生之间的非正式交互行为而自发形成的小型群体。它并不按照法定的程序建立，而是由基于人与社会的关系所建立的交往系统。它一般内含于学校的正式群体之中。

校园中学生非正式群体是客观的存在，不管你对它持什么样的态度，它总是或多或少对学生正式群体和校园文化的建设产生着一定影响。

学生非正式群体的成因主要有以下几点：一是心理需求。学生的年龄决定着他们需要寻找知音，结成伙伴。有些学生是为了达到心理平衡而加入这种伙伴群体，如有些学生组织能力较强，而在正式组织中又没有位置，具有某一方面的特长而正式组织又难以发挥，在结成伙伴群体后，就可以实现自己的愿望。二是社会交往的需要。中国传统思想中有"在家靠父母，出外靠朋友"的说法。学生特别是大学生，一般都是离开父母求学并独立生活。正式组织成员的交往感情色彩很淡，结成伙伴群体便有了一帮朋友，这样，在学习、生活上都能互相予以支持和帮助，如高校里普遍存在的"同乡会"等就是这样的群体。学生这种伙伴群体的成因还有其他方面，如相似的个人经历、社会背景、一致的兴趣爱好等，都可能形成非正式群体。

与正式群体相比，学生在非正式交往活动中的表现，具有以下基本特征：

第一，在群体意识方面，非正式群体文化区别于正式群体文化的明显之处，是非正式群体成员具有共同意识，而正式群体成员则未必如此。

第二，在情感方面，非正式群体成员之间注重情感交流，并以彼此间的认同和友谊作为结合的纽带，而正式组织成员之间则不具备这种特征。

第三，在价值取向方向，非正式群体成员的价值取向是一致的，而正式组织成员其价值取向多是不相同的。

第四，在组织行为方式上，非正式群体往往采用不太显著、不很形式化的手段来达到目标，而正式组织则表现出形式化、程序化的特征。

第五，在人际交往方面，正式组织成员之间存在地位的差异，其交往行为是以单向性为主，而非正式群体成员之间的交往是以互动性为特征的。

非正式群体在校园中客观地存在着，非正式群体文化对校园文化的建设存在一定的影响。其影响既有积极的一面，也有消极的一面。就积极的一面来说，非正式群体文化可以使群体成员的心理需求在一定程度上得到满足，社会地位得到承认，满足个人自我实现和社会交往的需要，从而激发成员的积极性和创造性，给校园文化建设注入动力；可以引导群体成员顺从团体的文化价值，影响和规定群体成员的行为，使成员之间保持和谐一致，增强组织的凝聚力；可以促使整个校园中学生良好人际交往方式的形成，增进学生之间的感情交流；此外，还可以促进学生自我教育和自我管理能力的提高。非正式群体的活动是自己组织进行的，具有较强的自主性，因而有利于他们在这方面能力的培养和锻炼。

就消极面来说，非正式群体的一些不良行为对校风建设有害无益，对校园气氛的消极影响是不可低估的。非正式群体所结成的一股群体力量，有时对正式组织活动的开展有一定冲击力，一旦他们认为不符合他们的要求，就会采取抵制、破坏行为。如一些班级内部的小帮、小派，往往影响干扰班级工作的正常开展，严重的甚至能左右班委会、团支部的工作，或者通过一定途径取而代之。此外，高校中非正式群体的增多，往往容易滋长学生的不良交往行为，特别是那些在人际交往上以江湖义气为重，交往行为是以吃喝玩乐为主的非正式群体，对学生的健康成长极其不利。

针对非正式群体文化所存在的各种消极影响，加强对非正式群体的管理，具有突出的意义。在管理中应注意做好以下几方面的工作：

第一，正确认识和分析学生非正式群体这一客观现象，区别不同的群体类型，研究其特征，注意发挥它在校园文化建设中的积极作用。

第二，加强对学生中各种非正式群体的控制，要采取一定措施切实加以管理。如果这些小群体已经产生不良影响，就要及时采取必要的行政措施，或帮助整顿和改变工作程序的方法，或给予有关成员以一定的行政处分。

第三，重视加强学生正式组织的内涵建设。一个较强的正式组织的存在，会抑制非正式群体的消极影响，如果正式组织领导或成员各方面素质较好，并在同学中享有较高威信，那么这个组织中非正式群体就不会有更多市场。当然，正式组织建立应注意与非正式群体相协调，尤其要利用非正式群体的积极影响来达到正式组织的目标。

第四节　校园社团文化

一、学生社团概述

学生社团是由有共同志趣、爱好的学生自愿组成并经学校批准认可的学生群体。社团活动是学生从自己选择的对象中探索人生和认识世界的实践活动。

目前学生社团在各类学校的发展，种类繁多，活动形式多样，且有越来越多之趋势。归纳起来，大致可分为四类。

1. 知识社团

这类社团是以理性的文化知识为主要内容，具有理性思辨的特征，包括一些专业知识性社团、学术研究性社团以及政治性社团。如"马列学习小组"、"学生陶行知研究会"就属此类。

2. 创造社团

此类社团以造作、创作、发明为特征，以培养人们的动手能力和锻炼思维为目的。如各种文学社团、科技兴趣小组、"小发明"小组等，均属此类。

3. 文娱社团

这类社团以文娱、体育、艺术等方面内容为主，以追求感性的或感官刺激为主要特征。如"交响乐协会""球迷协会""桥牌协会""钓鱼协会"等。

4. 服务社团

这是指校园中一些以提供服务为手段，以赢利为目的的社团组织，其主要特征体现在"钱"上。如大学校园内的"学生自助商店""家教服务中心""星期日科技服务团"等，即是此类社团。

这四种社团，其数量和成员数所占社团总数的比例各不相同，并且随着社会形势的发展而有所变化。根据有关调查资料表明，知识类社团占到社团总数的一半左右，文娱类社团略多于服务类社团，而创造类社团在各类学校中分布不等，大学多于中学，中学多于小学。

之所以形成以上的格局，主要是由社会环境的影响以及校园文化的本质规定所致。校园相对于社会来说具有独立性，是一个特殊的社区，校园的根本特征就在于它是知识密集的地方，在于它的文化性质，因此，知识类社团在校园社团中始终占有相当的比例，并且近年呈现上升的趋势。校园这个特定的环境还决定了学生闲暇时间的活动内容与校园外的青少年有所不同，学生的文娱、体育、艺术等活动在其闲暇生活中占有一定比重，校园里的歌咏、体育比赛、艺术讲座等是校园生活的一个不可缺少的部分，学生参加这些活动也是促进其全面发展的必不可少的条件，因此，共有文娱、体育、艺术方面兴趣爱好的学生便结成了一个个社团，并且在社团中占到一定的比例。随着改革开放的不断深入，社会主义的计划经济逐步过渡到市场经济，商品大潮涌进了校园，莘莘学子们也受到了深刻的影响，思想观念或多或少发生了变化，因而他们的生活中也就自然而然地掺进了经商行为或准经商行为，学生社团中也出现了赢利性的社团。

二、社团文化的内容构成

社团价值观是社团文化的核心，它决定了社团文化的内容和方式。一般而言，学生加入社团的动机各有不同，大体分为以下几种：

一是经受锻炼，接受社会预备教育。学生社团一般以自我管理为主，当参加了社团以后，便参与了一系列的管理活动。这种管理活动与学校中的其他正式组织（如班级、学生会）相比，更具有独立性和自主性，更贴近社会生活。因此，参加社团管理活动是进入社会的预备教育和实际锻炼。

二是发展个人爱好。许多学生社团是基于特定的兴趣爱好而形成的。如棋牌协会、集邮协会、诗社等，有共同兴趣爱好的学生结合在一起，每个成员都能在这个群体中得到帮助，通过群体之间的交流和学习，拓宽知识面，发展个人业余爱好。

三是增加交往机会，锻炼交际能力。学生交往大多以本班学生为主，但是特定班级范围内的交往对于学生的发展是不够的，而参加社团活动可以获得更多的交往机会，使学生在超出班级、年级、专业甚至系科范围的人际接触中，逐步锻炼交际能力，为他们的全面发展创造条件。

学生参加社团还有其他形形色色的动机，如获得经济实惠、追求名声等，甚至有的什么动机都没有，只是觉得"热闹"，别人入了我也应入。

社团价值观深刻地影响着社团行为并通过社团行为来得到体现。社团行为主要包括政治行为、组织行为、经济行为和社会行为几方面。

如前所述，社团是介于正式组织和非正式组织之间的群体，多数情况下，学校只是通过社团负责人来实行弹性很大的管理，并不像对班级、学生会那么严格。从社团本身的组织结构上看，社团一般都由社团负责人进行组阁，按照某种标准，如年级高低、能力大小等构成完整的组织体系。在这个体系中，主要由负责人决定社团活动的内容、方式，决定社团资金的使用和人事安排。由于社团是学生根据自己的兴趣、爱好和价值取向志愿参加而组织起来的，各个成员可以自己决定去留，因而社团对成员的约束力也是有限的，这就决定了社团负责人的管理方式和方法必须贯彻民主原则，在民主、自主的气氛中开展具体活动。

社团的经济行为有两种：一是社团本身经费的筹措、使用、管理的行为；二是服务类社团所特有的经济行为。从一般的社团经费来源看，有的是靠向学校申请活动经费，有的是社员交"社"费，也有的是靠办刊物或组织一定活动来筹集，或者是几种来源兼而有之。大多数社团的经费能满足开展活动的需要，也有的社团经费较多，对于创收有方的社团更是手头富余。服务性社团的经济行为与社会上的经济行为并没有太大的差别,具有社会经济行为的一般特征。学校对这类社团普遍比较重视,一般都要实行较严格的财务管理制度,甚至直接派人对这类社团进行具体的管理。

社团文化的一个重要表现形式是社团自办刊物。青少年学生是先进思想、知识的学习者和传播者,他们有自己的思考与见解,自办刊物则自然成为他们最好的思想表现媒介。这种由学生自办自阅的刊物,比较真实地反映了他们的知识水平和思想状况,故而成为学校掌握学生动态、研究社团文化的一个窗口。目前,校园中,学生自办刊物较多,一个学校少则几种,多则十几种;在传播形式上,有的抄写,有的油印,有的铅印,甚至有的复印或电脑印刷,质量上也有优有劣;刊物内容上,一是新闻报道类,二是议论、杂文类,三是文艺创作类,四是其他内容。

对学生自办刊物的现象,我们不可简单地完全赞同或一概否定,应有一个科学的、实事求是的评价。从积极意义上说,首先,自办刊物给学生提供了一个发展自己思想见解的场所,通过办刊物,学生的思想得到了交流,能力得到了锻炼;其次,自办刊物相对于正式刊物更为灵活,发表观点的自由度相对要大,这有利于活跃学生的思维,增加学术气氛,形成良好的校园精神氛围;第三,自办刊物刺激、鼓励了学生对世界、社会、人生等问题的思考和理解,有利于提高学生的思辨能力。

三、社团文化的作用和影响

社团文化是校园文化的重要组成部分,它主要是由学生创造的,又对学生产生深刻的影响。因此,正确认识、分析社团文化的作用就显得很有必要。社团文化的作用可以从积极面和消极面两个角度来考察。

1. 社团文化的其积极作用主要表现

第一,社团文化丰富了校园文化的内容。学生社团文化涉及很多方面的内容，既有政治的、经济的、专业学术的，也有具体生活方面的；既包含了学生心理品质、感情意志、价值取向等方面内容，也涉及到了他们的具体行为；既有物质文化、制度文化，又有观念形态的文化。因此，社团文化是校园文化的有机组成部分，它不仅繁荣了校园第二课堂，也有力地促进了第一课堂的建设。

第二，促进了校园价值观念的变化，沟通了校园与社会的联系。校园是社会的一部分，但又是相对独立、封闭的，当代学生与社会接触并不多，社会活动则多少解决了这个问题，它通过一系列的实践活动，特别是经商活动等，沟通了校园与社会的联系，成为围墙内的社会实践场所。同时，社团文化对人们的思想观念有一定的冲击力，促进了校园人价值观念的改变以适应社会形势的发展，跟上时代的步伐。可以说，社团活动是学生进入社会生活的一种实习。

第三，锻炼了学生的自主能力，促进了学生的全面发展。学生社团是自发性与自主性的，其成员以独立人格参加社团活动，具有清醒的自主意识，其行为是由他自己的思想支配的。这种环境有助于他们自主能力的培养提高。另外，社团文化的内容比较丰富，因而学生生活在这种环境中，能受到多方面的影响，从而弥补了他们在某些方面的不足，强化了他们在某些方面的特长，从而促进了他们的全面发展。

2.社团文化的消极作用主要表现

第一，社团文化是一种学生自主文化，具有较强的自发倾向，因而往往会在发展方向上出现偏差，与学校的教育目标背道而驰。

第二，社团活动一方面有利于学生自主意识的培养和自主能力的提高，但另一方面也容易造成学生个人主义、小集团主义的思想滋长。这主要是由于他们不能够正确处理个人与集体的关系，在青年人偏执、易走极端的心理作用下，发展成"个人至上"的"唯我主义"。

第三，实现生活中，社团文化的功利倾向越来越明显，或者是为显姓扬名，或者是为捞取实惠，在选择干与不干某件事时，多以实际的功利作为权衡标准，这就导致了社团文化的庸俗化。

第四，社团文化的过分"繁荣"，学生参加社团活动的时间过多，会对学生的学习产生不良影响。

四、社团文化的引导和管理

社团文化是学校特有的现象，它在校园文化中占有重要的位置。搞好社团文化建设，可以丰富、繁荣校园文化，有利于学生的全面发展，有利于促成教育目标的实现。因此我们对社团文化应该予以重视，做好教育和管理两方面的工作。

思想政治教育是搞好社团文化建设的基础。首先是要教育帮助学生树立正确的社团意识，处理好学习与社团活动的关系。学生的天职是学习，这应该是学生整个生活的立足点，参加社团活动的前提条件是不影响正常的学习生活。其次，应对社团文化中存在的几个突出问题有针对性地进行教育。在政治观上，应加强民主观的教育，反对搞一言堂、独裁制，注意集体主义的教育，反对社团本位、社团至上的小团体主义；在经济问题上，应教育学生正确、合理使用经费，注意培养廉洁作风，反对铺张浪费甚至贪污等丑恶行为，树立正确的经商观念，遵守商业道德，反对弄虚作假甚至靠"坑蒙拐骗"来取得钱财的行为。

对社团文化的管理，主要包括两方面内容，一是要建立系统的管理制度，二是要建设高效的管理队伍。目前各学校对社团管理一般都没有明确的条文制度，而是学校各级领导根据自己的理解去进行管理。要使社团管理科学化，就必须有系统的管理制度，如社团建立审批制度、社团组织章程、社团财务管理制度等，制度管理具有连续性、一贯性的特点，并且使社团活动有据可依，有利于社团的健康发展。管理队伍的建立健全是社团管理的关键，目前各学校对社团管理往往归口不一，领导职责不明确。正确的做法是明确由哪级组织、哪个部门来统一负责社团工作，或是党委宣传部，或是学工部，或是学生处，或是团委，或者由思想政治教育研究室来负责，如果由几个部门来共同管理，往往引起混乱。社团管理队伍应该由对校园文化有一定研究、综合素质较好的青年思想政治工作者组成，只有对校园文化有所研究才能成为这方面的内行，自身素质的高低与管理水平是成正比，与其他年龄层的教师相比，青年教师更有条件参与学生的社团的管理活动。

在社团文化建设问题上，应注意从总体上把握社团文化的导向，并加以正确引导。目前社团文化在发展方向上有两个关结点值得重视，一是要鼓励文化知识类社团的建设，对娱乐性、服务性社团要加以控制，引导这两类社团向文化知识类社团转变。学校的性质决定了其知识性的特点，文化知识类社团的活动更接近于学校的中心任务，因此，学校应注意发展文化知识性的社团，并结合选修课，给学生开办各种讲座，创办知识性、学术性刊物，鼓励学生参加各种学习活动和科研活动，从根本上把学生的注意力吸引到"学"的轨道上来。对服务类社团应注意引导其向以科技服务为内容的方向发展，对文体娱乐类社团应予以适当控制，但不等于取消，而是这类社团不能太多，活动不能过于频繁，应以不影响学生正常学习为限。第二个关结点在于，要引导社团文化走出"经院文化"，融合社会大文化。现代学生与社会之间有一定距离，学校应该借学生社团这个途径，增加社会调查、社会实践方面的内容，使学生更多地接触社会生活，认识社会、了解社会，以利于将来顺利走上工作岗位。

第五章　高校校园文化的宣传、交流与创新

校园文化建设本身不是孤立存在的一项工程，因此，校园文化建设的最终完成需要方方面面的配合。校园文化需要大众传媒进行宣传，依靠舆论形成一种全社会创建校园文化的氛围；校园文化建设需要校园文化主体之间进行交流，进行优势互补；校园文化建设还需要与时俱进，不断地根据新的形势、新的问题进行创新。

第一节　校园文化的宣传贯彻

校园文化的宣传贯彻，不但是为了让人们了解校园文化，更是为了形成一种全社会共同关注校园文化建设的氛围，进而集思广益，逐步形成一种制度引导校园文化建设，最后在制度引导下，通过一系列的活动更完善地进行宣传。我们可以将校园文化的宣传贯彻形成一个简单的链条：宣传——思考（制定制度）——再宣传。

一、依据舆论形成氛围

作为现代社会文明的推进器，大众传媒无论对于社会进步，还是对于

个人的社会化，都发挥着巨大的促进作用，但大众传媒的不当使用也很容易消解其传递主流道德文化信息、进行公民教育的作用。因此，21世纪的今天，我国进行校园文化建设，进行思想政治教育，绝不能忽视大众传媒的功能。

在现代，报刊、广播、电视与互联网是比较主要的大众传播媒介。在信息爆炸的今天，大众传媒的影响渗透到社会生活的各个角落。大众媒介的作用主要体现为通过信息的流动影响人们的政治意识、行为习惯、思维方式的形成，并且这种影响随着大众传媒时代的到来日益凸现。

在我国，大众传媒虽然不是学校，但在某种程度上却担负着培养社会主义事业的合格建设者和可靠接班人的重任。列宁指出："报纸的作用并不只限于传播思想、进行政治教育和争取政治上的同盟者。报纸不仅是集体的宣传员和集体的鼓动员，而且是集体的组织者。"这种组织作用更多地体现为对社会意识的一种整合。社会学家沙莲香也指出："通过大众传播把文化传递给下一代，并不断教育离开了学校的成年人、社会成员共享统一的价值观、社会规范和社会文化遗产。"虽然学校是育人的重要途径，但是人不可能完全封闭在校园中，所以创建良好的校园文化，还需要依靠大众传媒来形成一种氛围，所以大众传媒是一所没有围墙的大学。

通过大众传媒，我们能够了解到社会中人们所能接受的思想，以及人们的价值标准等，所以通过大众传媒，我们能够更有目的地对学生进行引导，培养他们成为社会所真正需要的人才。通过大众传媒，我们可以形成一种校园主流文化，所以说，大众传媒也是校园文化建设的"指向灯"。

但是我们也应该清醒地认识到，大众传媒是一把"双刃剑"。大众传媒的娱乐化倾向对校园文化有一定的负面影响。大众传媒娱乐化具体表现在两个方面：一是从内容上来看，硬新闻减少，软新闻流行。媒体总是把公众的注意力从重要的事务上引开，使那些无关紧要的名人趣事、日常事件及带煽情性、刺激性的犯罪新闻、暴力事件、体育新闻、花边新闻等软性内容成为新闻的重点。对人们的切身利益有着重大影响的硬新闻却在逐渐地减少，有关公众利益的劳动权利、生态环保、高新科技、行业危机等方面的问题很少得到重视。即便有相关的报道，也会被淹没在诸如性、丑闻和暴力犯罪这类煽情故事之中。为追求轰动效应，吸引受众眼球，传媒对娱乐圈的明星不厌其烦地大肆渲染，娱乐明星们一时间成为人们街头巷尾谈论的重要话题。二是从形式上来看，媒体竭力从严肃的政治、经济新闻中挖掘出娱乐价值，新闻取材上惹人眼球，报道角度上刻意猎奇，写作手法上肆意渲染，即所谓的"硬性新闻软着陆"。大众媒介并不是"镜子"式地再现现实环境，而是对象征性事件或信息进行选择、加工和重新结构化，营造了所谓的"拟态环境"。尽管客观的现实环境往往与"拟态环境"相差甚远，但人们还是将"拟态环境"误做客观现实加以认识。这样，"拟态环境"不仅制约人的认知和行为，而且通过制约人的认知和行为来对客观的现实环境产生影响。如果大众媒介的新闻报道和其他节目里充斥着娱乐，那么就会给大学生营造一个"其乐融融"的拟态环境，使他们逐渐对社会现实产生麻木的心理，进而丧失对现实环境的思考和批判，削弱他们的辨别力和批判精神。

按照媒介规范理论的观点，娱乐化会导致媒介放弃社会责任。在商业利益的驱动下，对于娱乐化的追求必然导致庸俗化的倾向，媒介在维护正义、劝人为善的名义下，利用受众猎奇的心理，大肆将一些社会丑恶现象公之于众，只是在结尾处象征性地加上评论，还美其名曰以此为鉴，以防后效。在这一过程中，以防后效的目的没有达到，受众的猎奇心理倒是得到了满足，媒介的利润也大幅飙升。其实，大众传媒是一个必须兼顾社会效益和经济效益的具有特殊属性的产业。媒体绝不是"媚体"，媒体的责任绝不是迁就、迎合低级趣味，媒体所追求的接近性、可读性绝不是与恶意炒作、庸俗媚俗画等号。按照传播学中"议程设置功能"理论的观点，大众传媒作为"大事"加以报道的问题，同样也作为"大事"反映在公众的意识当中；传媒给予的强调越多，公众对该问题的重视程度也就越高；传媒具有一种为公众设置"议事日程"的功能。按照传统新闻理论的观点，传媒娱乐化使新闻步入歧途，远离正轨。传媒的主要功能是提供与人类生存关系密切的信息，使人们获取与生存关系密切的各类信息，虽然并不排斥传媒的娱乐功能，但这些毕竟不是主要功能。如果过分地强调传媒的娱乐功能，必然会影响到其他功能的发挥，其结果无疑是当代大学生关注的焦点不再是政治，他们在政治倾向和选择上更缺少理想主义色彩。这意味着他们不可能成为政治的简单动员对象和积极参与者，他们的社会观呈现出更多的世俗性和现实化的色彩。

面对大众传媒的负面影响，如何发挥大众传媒在校园文化建设中的积极作用？首先，要求高校建设者采取必要的对策。高校建设要始终保持对大众传媒的开放性，坚持开放性原则。高校建设不能因噎废食，掩耳盗铃地把自己封闭在学校的围墙之内，要求高校建设者必须打破其封闭性，这也就意味着，高校建设要保持对大众传媒的开放性，要切实地把高校思想政治教育纳入社会的大系统中。思想政治教育要在大众传媒所传播的各种价值冲突中，批判不良价值或者选择、整合有关的价值观念的基础上，引导帮助大学生形成正确的价值取向，使大学生能在思想政治教育所要求的价值观念下对大众心态中的各种价值观念和思想进行积极的价值判断和选择，坚定自己的价值取向而不致在各种浪潮冲击中感到迷茫。其次，强化高校建设者利用大众传媒开展工作的观念和能力。目前，高校建设未能自觉而有效的利用大众传媒开展工作，应该说，相当多的高校建设工作者观念陈旧和能力不高是一个重要原因。因此，我们的高校建设要尽快实现与大众传媒的结合，首先要解决高校思想政治教育者观念上的"结合"和能力上的提高，使之与大众传媒形成一种相互补益相互耦合的关系。最后，加强大学生媒介素养教育。加强大学生媒介素养教育，是新世纪高等教育的新内容，也是信息时代培养合格人才的必要措施，更是新时期大学生思想政治工作的创新之举。

二、和谐校园的建设

校园和谐是社会和谐的重要组成部分。目前校园文化建设应该围绕和谐社会来进行，依靠和谐社会来强化校园文化建设，进行和谐校园建设。对于大学自身来讲，构建和谐校园更是促进学校各项事业快速发展的需要。

高度重视主流文化与非主流文化的碰撞。作为社会主义文化建设的重要组成部分，高校校园文化应成为营造和谐校园最为重要的因素，主流文化是健康、活泼、清新高雅、蓬勃向上的。但是，由于受到当前经济成分和经济利益的多元文化的影响，出现了以校园文化为主体的价值取向，文化修养、知识结构、志趣追求等方面的差异，使校园文化呈现出非主流文化日益盛行的趋势。例如：宿舍文化、课桌文化、服饰文化、网络文化、短信文化、影视文化等。这些非主流文化的传播和盛行，好比"双刃剑"，给校园文化带来的影响是积极与消极并存的，同样，给构建和谐校园带来的积极因素与消极因素也是并存的。比如：网络给学生的学习交流，了解社会和世界洞开方便之门，优秀的卡通和影视作品解放激发学生的想象力、创造力，带来美的熏陶和享受；宿舍文化在一定程度上起到社会学意义上的"社会安全阀"作用，为学生提供了适时宣泄的空间，防止矛盾的产生和激化。但是另一方面，非主流文化的消极作用也是显而易见的。首先，网络上的匿名性和虚拟性缺乏真实感，往往带来某些欺骗性，学生可能会在匿名心理的主导下，产生有悖常识、常规和道德规范的行为。其次，网络文化、宿舍文化、影视文化中充斥着不少色情、暴力、消极颓废等思想情绪，也在部分青年学生中产生了一些心理困惑与障碍，从而导致了一系列浮躁化、庸俗化的言行。非主流文化的消极因素使许多尚未形成稳定价值观的青年学生一时很难适应，甚至出现了心理障碍，在一定程度上行为无序，道德失范与思想困惑、混乱的状态，正成为校园主旋律中不和谐的音符。在社会文化和文化传播方式飞速发展的形势下，主流文化与非主流文化的碰撞是十分正常的。主流文化中滞后的观念和形式使非主流文化中消极、迷惘的因素成为冲击主流文化的软肋，并获得发展的空间，非主流文化中积极向上的因素又被主流文化的滞后、僵化所忽视。

因势利导发展校园文化构建和谐校园，正确对待校园文化，注意主流文化与非主流文化的融合，不断在多元文化融合中寻找契合点，是构建和谐校园的主要任务。处理主流文化与非主流文化这对矛盾的途径是：加强主流文化的创新性、超前性，充分发掘其不竭的活力，使之与人奋发向上的本性相契合；热情地吸纳非主流文化中的积极因素，使之在两种文化的碰撞中，成为推进主流文化发展的动力。构建和谐校园是价值目标与现实发展过程的统一，它不是静态的完美，而是动态的协调，正因为校园中存在不和谐的因素，存在矛盾与冲突，我们才要追求和谐，也因为追求和谐，我们才要协调矛盾。基于这种情况，我们更要正视这种矛盾冲突，积极探究其发生的原因、规律和发展趋势，关注不和谐背后的积极因素，正确认识和谐与不和谐的辩证统一关系。首先，要承认和尊重多元文化。文化的多元化，是一种必然，也是一种必要。纷繁的世界，必然产生多元的文化，每种文化又都体现着民族特征的思维方式和行为模式，每一种文化又都有不可剥夺的存在理由和独特价值，都应受到尊重和宽容。也就是说，大学校园内，无论是地域文化还是外来文化，无论科学文化还是非主流文化，都有其存在的价值空间，不能用主流文化或者本土文化去代替它、挤兑它。从历史的角度看，只允许一种文化的存在，排斥多元文化的融合、发展，必然是一种空话，以一种文化的存在构建和谐校园更是不可能的。多元文化共处和交流是文化发展的巨大动力，我们需要吸取世界上各种文化的有益成分，以建设中国特色的社会主义文化，我们需要融合和发展校园文化，以构建和谐校园。和谐校园必然是多种文化的和谐共处，共生共荣，互为补充和吸收，必然是主流文化得到发展，非主流文化中的积极因素得到吸纳，消极因素受到调整摒弃，从而更利于校园文化建设。

三、利用活动扩大影响

校园文化建设是教学活动的有机组成部分。教学活动，从狭义上讲，是指课程教育；从广义上讲，包括第二课堂等其他活动，师生之间、学生之间、学生与社会之间的观念、知识、能力、信息等的传递、吸收与扬弃等。可以说，在高校内部发生的，或者通过高校发生的一切有利于学生发展的活动都属于广义教学活动。对校园文化进行有意识地培育和建设，学生在课内外可获得丰富的人文和科学精神的熏陶，既丰富了教学活动的内涵，又对学生人格的健全和综合素质的提高有重大作用。即使在狭义的教学活动中，有了先进的校园文化的结合，教学方式的改革、教学相长的形成和学生对自己作为学习主体的认同感都会得到增强。可以说，教学质量高的高校，校园文化建设也是卓有成效的。

校园文化建设可以通过多种途径，多种活动进行。无论哪种方式都是为了加深人们的印象，以下是几种校园文化建设的方法和途径：

校园物质文化建设的途径与方法：通过悬挂学术大师画像、布置富有哲理的大师语录、制作板报和校园雕塑等，营造浓厚的人文教育氛围，以文明高雅的校园环境感染师生，陶冶师生情操，起到润物细无声的育人作用。同时也十分重视文化标志建设，如校训、校徽、校歌、校服、校花、礼仪、雕塑、楼名、路名、校园风物、文物景点、学校标识、室内环境等。此外，还特别重视对校园广播、电视、报纸、刊物、网站等人文素养的引导，并将最新的人文理念、人文名家、人文资料等下载制作成精美的教育文本，以备学生访问、浏览，促进大学生扩大视野、更新观念、解放思想、提高人文素养。

校园行为文化建设的途径与方法：积极鼓励大学生参与人文学术讲座，开展人文读书活动，举办"校园艺术文化节"，创办校内人文刊物，参加全国"挑战杯"科技作品竞赛、电子设计大赛、创业设计大赛等活动，开设大学生思想道德修养、公共关系学、大学美学、伦理学、心理学、法学等课程，提高大学生的人文素养水平，促进校园行为文化建设。

校园精神文化建设的途径与方法：在校风建设上，十分重视校训、校歌、校徽和校旗的文化建设，特别是教风和学风的建设。在学风建设中特别重视加强对大学生的思想教育，教育他们要为中华民族的伟大复兴而努力学习，树立对国家、社会和学校的责任感，树立崇尚科学的精神，培养他们的创新精神和社会实践能力。同时还十分重视选择那些最能体现大学精神和更有助于培养大学精神的校园文化活动。目前，特别重视加强大学生的道德实践，深入开展青年志愿者服务和社会实践活动，建立与大学专业特色相适应的社会实践基地，组织学生深入农村山区、工厂企业、乡村学校等开展科技、文化、卫生三下乡的社会实践活动，让大学生与社会融为一体，把服务他人与教育自我有机结合起来。在开展这些活动时，大力加强组织、管理与引导工作。以团委、学生会为中心，构建由学校、院系、班级形成的校园文化活动管理体系，实行分类管理。注意统筹安排、突出重点，确定大学校园文化建设的重点，以大学精神为指导，培养师生的思想道德品格、学术品格。注重从基础做起，避免文化活动中眼高手低的倾向。把树立大学生文明形象的内容纳入活动之中，提倡语言文明，讲究衣着得体、讲究个人卫生和环境卫生，提倡勤俭节约、艰苦朴素，等等。通过"做文明大学生"、"做文明就餐者"、开展"文明宿舍"评比等活动，增强大学生的文明意识，并内化为自觉的文明行为。在开展校园文化活动时，应考虑学校的分类定位、学科专业、历史传统、地域特点和时代特征等因素。如工科院校、综合性大学、师范院校和各类专门性大学校园文化活动的主题的区别就很明显。目前主要有两种类型：一种为加强型，就是通过校园文化进一步凸现和加强本校优势重点学科的专业特点，如教育类大学，就要紧紧围绕教师的素养开展各类校园文化活动。另一种为弥补型，就是从培养全面、可持续发展的人才出发，主要通过课余文化活动，弥补学生认知结构的缺陷，如工科院校在加强专业教育的同时，注意增加人文素质教育的内容，培养大学生的人文素养。另外，还十分重视挖掘本校在校园文化建设方面的历史传统资源，强化校园文化特色，紧密结合当地的社会经济发展状况，利用地方资源优势开展校园文化活动，以增强校园文化的特色和活力。如越剧是江浙文化的一种精粹，有的大学已把它引入学校，开展越剧比赛活动、请越剧演员登台表演等，已把越剧的高雅情调融入到了校园文化中去。又如，有的大学聘请外教、接纳留学生、聘请海外学者来校讲座等，让外来文化和校园文化互相接触、积极融合。

四、借助仪式实现情景

仪式和典礼是我们生活乃至生命中的重要组成部分。假设我们的生活中没有了仪式和典礼，没有了傍晚的漫步或者每天所期望的休息……我们将失去了这些常规活动为我们所提供的反思和联系的机会，我们无法更新自我，没有机会与他人联系，根本无法体验到生活中的常规和仪式所蕴含的深层意义。如果取消了春节、端午节、中秋节或者劳动节、国庆节，我们的生活该有多空虚呀，我们的生命也就毫无意义。如果没有了尊重传统的典礼和时间标志，将梦想与现实嫁接到历史之树上，强化我们宝贵的价值观和信仰，我们的存在就会变得空洞、乏味和无聊。如果没有常规和典礼，任何文化都将消退和死去。没有周期性的富有意义的事件，整个世界就会毫无意义，我们也将迷失方向。之所以如此强调仪式和典礼，因为这些活动是实践着的文化，是行动中的文化。庄严的、有意义的仪式和典礼，能够起到感动生命的效果。

1. 仪式。仪式是富有意义的日常互动方式，是一些充满深层意义的程序或常规。仪式给学校生活中普通的事件赋予了特定的意义。每一所学校从早到晚的学校生活中，有着成千上万种生活仪式或常规，建构了我们丰富的日常生活。然而，只有当这些常规事件同学校的愿景与价值相联系时，它们才表达了精神文化并强化学校文化各要素之间的联系。具体而言，以下一些互动方式或常规表征着学校的文化意义：（1）打招呼和告别的方式。这是富有价值内涵的人们相互交往的方式。教师之间、师生之间见面和分别时如何招呼，是学校团队关系的重要表征。此外，学校如何接待新来的客人，给参观者留下了关于学校文化的第一印象。许多学校的学生见到客人都会自觉地敬礼并说"客人好"，使人感受到一种尊重感与安全感。待人热情、大方、彬彬有礼，表明了学校存在共享"尊重他人"的价值取向。（2）重要活动仪式。多数学校在举行重要活动前，都会举行一定的仪式，以示对活动的重视。活动仪式的内容、参与人员以及活动的目标，都蕴含着重要的学校文化价值取向。（3）入学教育仪式。如何接待教育新生，将他们带进学校团队，这是形成学生集体归属感和荣誉感的重要步骤。学校要组织新生参观校史陈列室，开设校史讲座，明确校歌、校徽、校服等校园文化主体性标志的意义，增强学生对学校的自信心和信任感。同时，利用学校的典型和榜样人物来传送学校的主流价值观。学校通过一系列活动，力求使全校师生了解本校的历史和现状，明确学校的发展目标，珍惜学校荣誉，形成有凝聚力的学校团队，使良好的传统成为个人价值观的重要组成部分。（4）活动结束仪式。在每一次活动结束后，非常有必要举行闭幕仪式，以示对活动提供积极的支持和精神的激励。多数学校在大型活动结束后会举行闭幕仪式，表彰在该次学校活动中做出了特别贡献的成员，强化学校所重视的工作成就。

2. 典礼。典礼是具有一定目的和意义的更大规模、更复杂的社交性活动。许多学校都有一些标志学年更换的正式典礼。这些周期性的事件把人们联结起来,形成了学校未成文的文化价值和规则。如:多数学校,在每年开学时,教师们聚集到一起,分享来年的希望、理念和梦想。这种共享的经验将持续一整年,赋予了教师目的感和责任感。一般而言,学校有以下一些常规性的重要典礼:(1)开学典礼。它有利于把教师与学校来年的使命联结起来。经过长长的假期之后,需要有一定的仪式或典礼将大家的心绪拉回到校园这一领域之中,其标志性的事件就是开学典礼。它一方面是为了强化学校的核心价值观,另一方面是提醒人们充满希望的一年又开始了,同时祝贺年轻人又将迈进人生的新一程。(2)团队建设典礼。它把分散的个体重新联系起来,建立和强化共享的价值观。团队建设典礼有助于建立面对新学期的信心和信任。如某校每学年开学初都要举行一次办学使命修订大会,借此建构一个有凝聚力的学校团队。通过重新提炼和改动字句,与学校和社会当前的现实和价值需要相匹配。然后,对这一重新修订的学校使命进行阐述,并请当地艺术家书写,装饰在一块漂亮的木板上,学校每一名成员都得在上面签名。这就使得学校使命活了,具有很强的生命力,与日常经验相联系并且不断更新,而不是一堆挂在墙上的普通装饰物。(3)季节性的典礼。每逢传统节日,举行庆祝活动,一方面可以让学生更加深刻地理解民族文化,另一方面可以与正式课程进行整合。(4)新计划或新项目的典礼。在一个新计划实施之前,都要举行典礼。如学校教师在选定一个研究题目之前都要举行开题报告,邀请专家和其他一些重要人物参加,进行开题论证,以示慎重和认真。(5)表彰大会。为了庆祝组织成员个体或群体的特殊成就,培养学生的自豪感和自尊心,学校每年会召开一定的表彰大会。表彰大会彰显了学校所重视的成就。如果学校表彰的是考试前三名,则反映了学校应试教育取向的价值观;反之,若颁发的是全勤奖、进步奖,其代表的意义或价值则与前者大相径庭。(6)毕业生回母校报告大会。邀请毕业生回母校讲述艰苦创业和成功体验的故事,同样是强化学校核心价值观的重要活动。(7)纪念大会。它是为了记住学校前辈们所作出的贡献和努力。大多数具有强大文化的学校都会纪念学校杰出的前辈。这是一种歌颂他人贡献和联结学校历史的重要方式。

第二节　校园文化的内外交流

校园文化建设不是孤立存在的，它是和周围事物密切联系的，只有处理好校园文化内外的关系，才会为校园文化建设创造良好的空间。

一、促进校园文化的多元化和趋同性

构建和谐校园，是在高校中实现党中央提出的建设和谐社会的具体实践。落实到校园文化建设上，就是要承认和尊重校园文化多元化，坚持"和而不同"的原则，促进多元文化的融合与共生。

在大学校园这个知识和知识群体汇集的环境里，新时期的校园文化格局打破了传统主流文化独占鳌头的单一局面，形成了多元文化并存的局面。社会的发展使文化的交流冲破了从前的篱墙，大学校园里，非主流文化、地域文化、学科文化、留学生文化等等异彩纷呈，各种文化不断融汇、碰撞、吸纳、淘汰，形成了高校独特的文化景观。

文化的多元化是必然的。随着全球化的推进，不同地区、不同国家、不同民族的文化交流不断加强，不同文化出现在同一时空是我们必然要面对的一种局面。而文化就如同人，由于先天的环境和条件不同，如地域、历史、习俗、身份、利益等，每种文化都有特定的思维和行为模式，每种文化都有其存在理由和独特价值，都应受到尊重。

文化的多元化也是必要的。如果文化失去了它的丰富性和多样性，都是一个面孔、一种声音，必然死气沉沉而非生机盎然；且因缺少新元素的

融入，文化发展也无从谈起；文化的多样性和差异性对文化、对社会、对人自身都有着不可取代的积极作用。只有接触到异质文化并以其作为参照系时，我们才能更深刻地体会到自身文化的优秀品质和消极因素，才能吸取异质文化的优秀成果发展自身文化。多元文化的存在还为个人提供了更多的选择机会，赋予个人更多的自由和更为丰富的精神世界。

多种文化和谐相处、共生共荣是完全可能的。这是因为文化中包含着某些共同和普遍的精神，如对人的尊严的重视，对社会公正的推崇，对幸福和平的向往，要求保障人的基本权利，建立民主法治社会，保障信仰和思想自由等等。这就使各种文化有了共存共荣的基础，使各种文化相互学习和借鉴、互为补充和吸收、融合成为可能。所以尊重和承认文化多元化，应是我们对待校园多元文化所应秉持的基本态度。

承认和尊重文化多元化，坚持"和而不同"的文化融合原则，并不意味着对校园多元文化放任自流，而是要根据文化自身的发展规律，积极引导，重在建设，促进多元文化的融合与共生。

坚持社会主义先进文化的发展方向。坚持社会主义先进文化的发展方向，是和谐校园构建中文化责任的体现。马克思主义是社会主义文化的旗帜，是科学的世界观、价值观、方法论。坚持马克思主义及其世界观、人生观、价值观才能对校园多元文化进行有效的整合、凝聚和引导。我们构建校园和谐，倡导和促进多元文化融合共生，但是社会主义先进文化的核心不能丢，必须坚持以马克思主义为指导，按照时代的要求，对多元文化进行审视、鉴别和筛选。与此同时，还应充分调动各种文化中的积极因素，借鉴吸收其传播手段和途径，为巩固和发展社会主义先进文化服务。

为多元文化的融合共生创造平台。多元文化的融合共生，是一个渐进的文化过程。要为多元文化搭建舞台，让校园内共存的各种文化都有展示自身魅力的机会，以消除隔阂和误解，加强交流，共同繁荣。如为解决地域文化冲突，可以开设一些地域民族文化选修课程，让广大学生了解和接触东西南北中各具特色的地域文化，如巴蜀文化、荆楚文化、齐鲁文化等，举办民族舞蹈大赛、民族服饰设计大赛等也是很好的方式。只有彼此了解、内心认同，才谈得上消除文化的隔阂和歧视；只有在了解和沟通中发现彼此文化的异曲同工之妙、相通相契之美，才能构建友谊桥梁，彼此尊重、欣赏，"各美其美，美人之美，美美与共，天下大同"。

二、校际交流和国际交往

1. 校际交流

在我国，由于受到各地经济、文化、政治等因素的制约以及历史积淀的影响，不同地域的校园文化呈现了不同的文化特征以及个性差异。经济比较发达的东部沿海地区由于对外交流频繁，各种观念、信息传播速度快，那里的大学生头脑灵活、市场观念强、富有挑战性。他们注重社会实践能力的提高，渴望在经济建设的实践中锻炼自身的能力。经济发展相对缓慢的西部内陆地区拥有浓厚深沉的文化底蕴，那里的大学生淳厚朴实、治学严谨、刻苦勤奋、自强不息，形成了求实奋进的文化特色。此外，各高校学科性质存在差异，也造成校园文化各有不同。在综合性大学中，由于文理工各学科专业互相促进、共同发展，校园文化视角开阔，容纳了众多的观念从而使内容多元、丰富。如北京大学目前有各类社团组织五十多个，学术报告会、理论争鸣会、音乐演奏会频频举办，电影消息、各类海报、启事以及春旅、秋游的倡议比比皆是。而学科性大学则具有专业优势突出、技能要求较高的自身学科类型的特点，如理工类大学、财经类大学、医科类大学、农业类大学等，与之相应的校园文化也形成了鲜明的个性差异。然而，在校园文化百花齐放的同时，一种被称为校园文化的"孤岛"现象却依然存在。校园文化的"孤岛"效应表现在两个方面：一是文化多元化与文化"孤岛"的对立冲突。随着知识经济的飞速发展，先进的科学技术和丰富的多元文化的交流和融合急需在大学校园中得到充分发展。然而，我国长期以来普遍存在高校校园文化发展相对独立和封闭的状况，各个学校虽然拥有独具特色的活动形式、文化理念和学校精神，但是缺乏校际间的文化互动和交流。这种单一的文化发展模式使得各个大学的校园文化成为文化的"孤岛"，无法适应全球化趋势下高校学科间、文化间高度综合、渗透的趋势，也同样无法满足广大学生开阔视野、加强自身发展的内在需要。二是科学文化与人文文化的严重分离。在知识经济时代，人才的竞争在相当程度上是科学和人文综合素质的比较。在我国，计划经济体制下高等教育过分专门化而导致科学文化与人文文化严重分离的影响至今还普遍存在，理工类、医学类等学科性大学的人文素质教育水平普遍不高，而综合性大学的科研、学术风气相对薄弱。

大学校园文化应该是兼容并包的多元文化类型，而绝对不该是文化的"孤岛"。我们要促进以充实和丰富学校精神为目的的文化交流，为创新人才的培养营造良好的文化氛围。首先，校园文化的交流是培养大学生创新精神的有效途径。在广泛的校园文化交流中，大学生群体能够大胆地学习和借鉴不同的校园文化，在交流和探索中求新求变，从而进一步形成他们的创新精神、创新思维和创新能力。其次，校园文化的交流是促进大学生个性培养的重要渠道。各高校通过校园文化间的交流，可以在不同知识的承袭与更新、不同价值观的扬弃和冲突以及不同信念的碰撞与融合中发挥文化锻炼、塑造、熏陶等自我教育的功能，使大学生个性得以健康、多元发展。最后，校园文化的交流是提高大学生综合素质的广阔平台。在校园文化交流过程中，大学生可以汲取不同的文化精髓和科学理念，拓宽知识面，拓展专业口径，淡化专业界限，完善知识结构，从而逐渐形成多元、丰富的学术追求精神，在潜移默化中提高自身的综合素质。

2. 国际交流

经济全球化、社会信息化改变了高等教育的办学理念、培养模式和运作机制，使高等教育出现了新的发展特点，各国间的文化教育交流越来越密切，国际交流与合作也日益成为实现高等教育国际化的主要手段。因此，国际交流与合作是高校工作的重要组成部分，它服务并依托于学校的教学和科研等工作，同时，教学和科研等工作也以国际交流与合作作为重要的开展途径。

以国际合作办学为突破，实现优质教育资源共享。国际联合办学事业的发展，是国际交流与合作深入发展的重要表现，是高等教育国际化发展的重要标志。国际联合办学作为国际交流与合作的重要环节，对来华留学生教育对外汉语教学和国际交流具有重要的推动作用。在国际联合办学的多种模式中，包括了合作双方互换留学生的方式，即学校在派出留学生的同时，也接收对方学校的学生。这种方式已经成为学校接收来华留学生的一种重要渠道。

通过"三个引进"，实现"三个对接"，推动高校教学理念、教学内容、教学方法、教学管理、教学模式等各个方面的教育教学改革。第一，通过引进先进的教育教学理念，实现教学方法的对接。通过交流，以人为本、以学生为本的教育教学理念进一步巩固，以健全人格、健康人性教育、适应大众化教育为主旨的多元质量观进一步深入人心。在教学实践中，注意突出学生在教学中的主体地位，注重调动学生的积极性和创造力。在教学方法上、在教学环节中体现为减少灌输式，增加启发式、讨论式、点评式，让学生动脑、动手，变被动为主动，营造出一种互动式的、和谐的教与学的课堂氛围。第二，通过引进国外先进的课程体系和外文原版教材，实现教学内容对接。一方面加快专业教师的英语水平培训，强化双语教学力度，增加双语教学课时，使用引进的外文原版教材进行授课，有力地推动我校的双语教学工作。另一方面引进国外先进的课程体系，针对派出留学生的特点制定不同的教学计划。让学生在中国阶段培养过程中，一边学到专业知识，一边习得专业英语，使学生出国后尽快适应国外的学习和生活，顺利地进入角色，自然地与国外大学的专业对接，从而大大地提高了人才培养质量。第三，通过引进先进的教学管理经验，实现教学管理对接。为了更好地实现教学管理的衔接，借鉴国外经验，不断完善学分制，不断引进现代教育管理手段，同时推动了包括学籍管理、成绩管理等在内的教学管理体制改革。

第三节　校园文化建设的创新思考

校园文化建设要与时俱进，不能静止不前。校园文化建设想取得突破，取得成功，首先要联系实际，紧跟时代前进的脚步。所以目前校园文化建设最重要的就是进行创新思考。

一、立足现实，面向未来

在大力倡导"以人为本"理念的今天，大学校园文化建设从何切入？如何创新？这是一个值得思考和探讨的课题。多年来，大学校园文化建设以弘扬集体主义，开展丰富多彩的文化活动为主旋律，收到了明显的成效，锻炼和造就了一批批优秀学子，形成了积极向上的校园政治氛围，活跃了校园文化生活，这是值得肯定的。但是也同时存在着一些不足：其一，校园文化建设在内容上还不够深入，停留在一般层次上；其二，在形式上还比较单调，以文体活动居多；其三，发动的层面、范围也不够广泛；等等。面对社会经济建设对高校人才培养的要求，面对高校之间日益激烈的竞争，面对大学扩招后学生就业困难的严峻形势，搞好大学校园文化建设，发挥其第二课堂作用，为培养具有竞争力的一专多能的高质量、高素质的人才搭建舞台，有着十分重要的意义。

二、着眼于发展与创新

张扬个性，鼓励创新，是在当今时代进一步搞好大学校园文化建设的切入点和着力点。人的个性的发展不应当是自发的，而应当通过教育，有目的有计划地去加以培养。本文所指的个性，不仅仅指个人的个性，也包含了独立单位的个性。通过张扬独立单位的个性，影响和促进学生个性的发展，推动个性、特色的凸现。张扬个性，是要在开展校园文化建设活动过程中，在内容和形式各方而更多地嵌入尊重个体发展的理念，鼓励自我发展，调动个体的兴趣；张扬个性，不是要否定过去的以弘扬爱国主义、集体主义精神、开展多种多样文化活动的主旋律，而是在继续发扬主旋律、继承传统的基础上的深入；张扬个性，就是给予个体以更宽松的空间，提供更多的选择自由；张扬个性，就是要从面到点，抓住一点，整合力量，意在突破；张扬个性，就是要以市场为导向，塑造具有自我特色的校园文化。特色的创建和教育的创新是紧密相连的，特色也是一种创新。鼓励创新是特色有可能创建的保证。

1.院、系、部文化个性的张扬——创特色教育

校园文化建设是一个系统工程，不仅指学生的第二课堂活动，学校的文化品位更多地体现在学校的学术氛围和教学环境中。广大教师的积极参与，是提升校园文化建设层次的重要保证，张扬院、系、部的教学个性，是深化校园文化建设的途径之一。教学系、部的个性是否得到张扬，一个重要的衡量标准就是看他们的教学特色是否突出。以"特色强系、以特色强校"是普通高校面临的更为迫切的任务。重点院校师资力量雄厚、科研能力强劲、教学设施齐备、办学经费充足，"211工程"的实施、强强联合的调整等，其竞争力是普通高校不可企及的；要在这种不平等的竞争中站得住、打得响，普通高校只有走"特色强校"才是出路。教学改革开始逐

渐打破过去一直实行的统一专业设置、统一课程体系、统一教材使用、统一评价标准、统一教学模式的办学格局，逐渐引入个性化的教学，如学分制教学管理模式，为教师构筑人尽其才的平台，为学生开放"因材施教"的空间，也为各院、系、部张扬个性创造了条件。创特色教育就是鼓励学校各院、系、部根据自身条件（专业学科、培养目标、人才状况等）进行纵向和横向的比较，按照"人无我有，人有我强"的原则，在执行正常的教学计划的基础上，选择1至2个强项进行培育，整合力量，有所突破。它与现在开展的重点学科、重点课程建设，精品课程建设有相同的也有不同的地方，它更强调个别性和独特性，其目标的选择大的可以是某一学科、某一研究领域、某一教学成果、某一课程拓展等，小的可以是某一教学手段、方法，某一技能、专长等。关键是成果突出，具有长效性和影响力。创特色教育并不是轻而易举的事情，也不是不可办到的，关键是需要学校的认同，有可行的措施，经过培育去创建。如果仅仅是任其自然形成，则旷日持久，甚至会夭折。特色的形成是一个过程，需要多方的共同努力。首先，学校应该给予足够的重视，建立起专门的管理机构，划拨一定的经费，纳入项目建设规划，通过立项和奖励机制推动特色教育的创建。其次，要调动院、系、部的积极性，根据本单位的实际，人才的优势状况，结合市场需要，筛选确定特色目标，制定培育措施，整合力量予以实施，一般需用2至4年左右时间结项。最后，要调动教师、学生的积极性，共同构建特色教育，在计划、手段、方法、实践环节等方面加强研究探索，在时间上做出合理安排，管理部门应该给予配合，提供支持。

2. 宿舍文化个性的张扬——特色宿舍创建活动

学生宿舍的管理早已为人们所关注，因为这是学生学习生活最小的组织单元，也是学生活动最自由的空间，它是学生的"家"。即使学分制的实施，班级授课制打破，宿舍这一领域依然存在，宿舍文化建设的空间是很大的。以宿舍为单位的文化建设早已在高校普遍开展，如环境卫生评比、设计大赛、手工比赛、球类比赛等，收到了良好的效果。近年，把团小组设在宿舍，更加大了宿舍管理和引导工作的力度。在这个"家"，学生思想感情真实，心理比较放松，交往是随意的、对等的。"一种随意的和自我指导的气氛将产生最好的发展结果"，"减少了外来的干涉和压抑，随之而来的便是自我控制，个人的判断变得更加完善，批判的精神也得到了发展"。在这个领域，学生是主人，他们自主地组织和开展各种活动，能够极大地锻炼其独立能力，自我意识和集体精神。但是，学生的自我发展有时是盲目的，存在着良性发展和恶性发展的两种可能。同宿舍的几个人，相互之间的影响是相当大的，这种影响，甚至会延续一辈子。因此，在宿舍引入特色创建活动，对学生加以正确的引导，将会收到事半功倍的效果。近年来，不少高校已经注意到加强宿舍文化建设的重要性，尝试开展"特色宿舍"创建活动，如"寝室文化节"、"宿舍文化艺术节"、"星级宿舍"评选、"特色宿舍"设计、"特色宿舍"俱乐部等活动。特色宿舍创建，主要是指同一宿舍的学生，在某方面的能力特别突出，如计算机能力特别强，或英语水平特别高，或写作能力强、文章发表特别多，或书法特别好，或绘画水平特别高，或助人为乐精神特别好、做好事特别多，或文艺水平特别高，或体育技能特别强，等等。通过以宿舍为单位自我申报、定期评估、表彰奖励，使宿舍的文化个性得到张扬，特色宿舍创建的内容主要以技能特长以及品德行为为主，这种文化的构建和引导，完全建立在学生兴趣相投、自我认同、互相影响、互相促进基础上的，将大大提高学生的竞技意识和参与程度，长期坚持下去，学生的学风和行为表现将得到净化和提高。开展以特色创建活动为主要内容的校园文化建设，目的是"以特色强校"，通过以上创建活动，使校园形成一个人人讲特色，人人创特色的文化氛围，在三五年内，使学校形成一批有特色的教师，造就一批有特色的学生，从而使学校办成有特色的学校，增强学校的影响力，提高学校在社会上的竞争力。

综上，一个学校要蓬勃发展，一个学校的校园文化要充满生机，就要与时俱进、不断创新，在大趋势下发展自己、张扬个性，从而使一个学校的校园文化能够得以发扬，能够得以宣传，能够彼此交流，从而为全社会的校园文化建设提供可参考的数据，最终形成全社会的和谐、活泼的校园文化。

第六章 建立和完善高校校园文化建设的保障机制

建立和完善高校校园文化建设的保障机制,就是要把校园文化建设纳入学校发展的总体规划,成立校园文化建设领导机构和职能部门;要充分发挥共青团、学生会、研究生会、学生社团等学生组织和学生社区、学生公寓在校园文化建设中的重要作用;要注重调动广大师生参加校园文化建设的积极性、主动性和创造性。高校全体教师和学生是校园文化建设的主体,他们是推动校园文化建设的重要力量。尊重师生的首创精神,善于捕捉和培育广大师生在校园文化活动中的亮点,并及时总结、提炼,不断丰富和更新校园文化的内容,使之成为凝聚激励广大师生不断学习进步的不竭动力;要加强对校园文化建设的管理。建立校园文化建设的各项管理规章制度,加强对校园文化活动的管理和引导;要把校园文化建设经费纳入学校预算,在人、财、物等方面加大投入;要加强理论研究,积极探索新形势下加强和改进校园文化建设的新思路、新举措。

第一节 领导班子是校园文化建设的组织者和设计者

领导班子对于校园文化的发展至关重要,是校园文化建设的组织者和设计者，创造环境和条件使师生员工能充分参与实现方针目标。在策划制定校园文化的发展规划及组织制定校园文化方针和目标过程中，领导班子充分体现了校园文化建设的组织者和设计者的作用。

一、领导班子的素质决定校园文化质量

素质具有丰富的内涵性。从教育学的角度讲，素质是指人在先天生理的基础上通过后天环境影响和教育训练所获得的、内在的、相对稳定的、长期发挥作用的身心特性及其基本品质结构。素质能够把外部获得的知识、技能内化于人的身心，升华成稳定的品质。高校校园文化建设是一个"系统工程"，必然对大学的领导班子自身素质提出了一定要求：首先，要求大学的领导者对文化的本质、规律和高校文化职责有感性和理性相结合的认识；其次，需要领导者对本校校园文化建设有全面、系统、长远的考虑。领导班子必须全面贯彻党和国家的教育方针、政策、法规，努力提高自身政治思想素质，职业道德水平，业务知识水平和科学管理能力，才能优化校园文化质量，提升学校的发展层次。具体说来，领导班子成员必须具备以下六种素质：

1. 领导班子必须讲政治，具有高度的政治责任感和育人的使命感；树立科学的世界观、人生观和价值观，能以马克思主义的立场、观点、方法认识、分析教育中的矛盾和问题；高度重视学生的思想政治素质的完善，在激烈的国际竞争中，保持清醒的政治头脑，永不迷失育人方向。

2. 领导班子必须懂得教育规律，能够科学育人，坚定贯彻党的教育方针，全面关心学生的成长，全面推进素质教育，能正确处理德育、智育、体育、美育之间的关系，促进学生素质全面发展。

3. 领导班子必须具备把握全局和科学决策的能力。领导者是组织者也是管理者。学校的管理必须面向世界、面向未来，寻求高等教育可持续发

展的思路，实行创新管理、整体管理、变化管理、和谐管理；树立新的人才观和教育质量观，坚持以人为本、服务学生的教育理念。

4.领导班子必须具备奉公廉洁的自律操守。自觉树立正确的权力观和荣辱观，践行"八荣八耻"，自觉抵制行业不正之风的影响，反对以权谋私，弘扬科学民主之风，办事公道、公正，诚实守信。领导班子成员应该具有以事业为重、以学生为重的宽阔胸怀，坚持献身于教育的伟大事业，决不能以职务之便为个人谋私利。

5.领导班子必须具备团结互助的协作精神。学校改革发展的成败，很大程度上取决于学校领导班子团结协作的精神。只有领导班子团结协作才能带领教师团结互助，才能劲往一处使，攻破一个个教育教学难关，才能赢得社会各界的支持和拥戴。领导班子成员只有自觉维护领导集体权威，才能产生强大的凝聚力和同心力。领导班子的一个重要职责就是把教职工的积极性充分调动起来，真心实意地团结、尊重、依靠教师，才能形成一个坚强的集体。只有密切领导与教师的关系，才能有效地带领全校师生完成各项教育教学任务。

6.领导班子必须具备实事求是的求真理念。实事求是是我们党的思想路线，是中国化的马克思主义的活的灵魂。高校领导者必须有求真务实的精神，教育的改革与发展要从实际出发，反对好大喜功、不自量力。近些年，实事求是的优良传统被淡化了，个别领导好大喜功，严重影响了我党在群众中的威信。也给基层工作带来了极大的负面影响。就教育行业来说，个别学校、部分教师工作不踏实，弄虚作假，使教风、学风日下，严重损坏了教育者的良好形象。教育是基础工程，来不得半点虚假，轻则影响学生的前途命运，重则影响国家兴衰。作为学校校长和班子成员必须实事求是地处理问题，避免由于感情用事而挫伤教师的工作积极性。只有具备求真务实的求是精神，才能凝聚人心、同舟共济，带领教师创造出非凡的育人业绩。

二、加强对学校文化的领导

大学，是传承文化的主渠道之一，是创造新文化的基地，是接触异质文化的触角和通道。由于大学文化是开放的，民族文化与异质文化兼收，校内资源与校外资源并蓄，而且其传播也是开放的，在经济全球化和社会信息化的今天，具有一定吸引力的外来文化，特别是商业化了的快餐文化因其适应快节奏的生活，借助于现代技术手段，很容易迎合"文化饥渴"的人群——主要是年轻人，包裹在这些文化产品中的文化底层物——也就无声而汹涌地涌入这样的浪潮里，高等学府的校园文化也难以幸免，屡遭侵蚀。面对这种情况，学校领导班子必须坚持马克思主义的坚定立场，倡导健康向上的主流社会主义文化，抵制外来不良文化的侵袭。要有意识地在高校校园塑造适宜人才成长、民族发展，有利于探索人类未知领域的文化环境，加强对学校文化建设的领导。

加强对学校文化的领导有必要从以下几方面入手：

1. 坚持文化导向一元化，占领舆论宣传阵地，弘扬校园文化主旋律

高校校园文化是社会主义文化的有机组成部分，必须把握先进文化的前进方向，坚持弘扬和培育民族精神，实行对外开放政策以后，西方现代文化随之而来，它作为发达的市场经济和工业文明的产物，在我们走向社会主义市场经济、走向现代化过程中是必需的。然而，它的内核是对个人利益的追求，并因此造成以个人利益作为幕后评判者进行理性权衡倾向。它从重利轻义出发，最终为改善个人利益而与他人进行某种妥协从而遵守一定的社会共同行为规范，讲求理性甚至愿意为维护规范而做出牺牲。这样，在追求其个人利益的基础上产生了共同的行为规范。这和社会主义文化的讲求对国家利益、集体利益的贡献，重责任重义务的奉献精神、注重品格修养的自律精神、凝聚向心力和互助的协作精神在价值取向、行为规

范等方面发生了抵触。由于校园文化及其传播的开放性,在校园文化领域,二者产生了激烈碰撞。对此,高校领导班子不能坐而视之,任其自由发展,而应有所作为,掌握积极主动权、领导权。要重视文化导向工作,加强对学校文化建设的领导,牢牢掌握文化导向控制的领导权。发挥自身在校园文化建设中的引导作用,控制校园文化的导向,坚持健康向上的社会主义文化导向。教育家陶行知先生说过:"一种生机勃勃、稳定和谐、健康向上的环境氛围,本身就具有广泛的教育功能。"因此,高校领导班子应主动占领舆论宣传阵地,弘扬校园文化主旋律,营造良好育人氛围;加强对校园广播、校园有线电视、校园网、校报、学报等舆论宣传工具的利用和有效管理;深入宣传党的政策、方针、理论,唱响政治主旋律,营造高品位、宽领域、多层次、主旋律突出的政治环境;积极组织开展形式多样的主题活动和文化娱乐活动,丰富校园文化生活,提升校园文化品位;定期举办各种类型的学术报告活动和第二课堂,营造良好的学习和学术氛围。同时,在各种主要活动开展期间,还应悬挂宣传标语、横幅,制作海报等,从而使整个校园充满智慧与创造、科学与技术、文化与艺术、高尚与文明、积极与进取的育人氛围。

2. 倡导文化取向多元化

坚持文化导向一元化,并不排斥文化取向多元化。"百家争鸣、百花齐放"一直是我党对文化建设工作的指导方针。在校园文化建设领域,这一指导方针,我们仍须坚定执行。校园文化建设重在校园这一文化市场,校园本身就有一种导向作用。所以我们应该自觉地利用这种导向作用,让校园从内部生发出有利于健康向上的思想文化的力量。我们要把健康向上的主导文化外化为最好的商品并勇敢地投放到校园市场,允许不同文化相互交流、碰撞,让学生自主选择、自我扬弃,使其对主导文化自愿自觉的认可和赞同,使主导文化焕发出勃勃生机。思想文化的领导与其他不同,它是通过"以理服人"的方式,使人们自觉地认可和赞同。在校园文化领域同样要做到"以理服人",才能稳固社会主义校园文化的一元主导作用。

3. 加强校园文化管理,建立健全校园文化体系

加强对哲学社会科学研讨会、报告会、讲座的管理,加强对校园 BBS 管理,绝不给错误观点和言论提供传播渠道。坚决抵制各种有害文化和腐朽生活方式对大学生的侵蚀和影响。要加强对大学生组织特别是大学生社团的领导和管理,帮助大学生社团选聘指导教师,支持和引导大学生社团自主开展活动。要充分发挥大学生社团在校园文化建设中的重要作用,大力扶持理论学习型社团,热情鼓励学术科技型社团,正确引导兴趣爱好型社团,积极倡导社会公益型社团。要充分发挥学生社区、学生公寓、网络虚拟群体等新型大学生组织在校园文化建设中的重要作用,加强有效引导,确保校园文化的正确发展方向。校规校纪既是学校各种活动能够正常运行的保障,又是约束师生员工行为的契约,因而也是校园文化的体现,所以领导班子应建立校园文化建设的各项管理规章制度,有效规范学生文化行为,绝不给错误观点和言论提供传播渠道,坚决抵制各种有害文化和腐朽生活方式对大学生的侵蚀和影响。把党的文化方针、政策贯彻落实到校园文化建设之中,让校园文化为社会主义文化服务,为巩固和加强党的思想文化建设服务,使校园文化成为马克思主义思想政治教育的中心和载体。

三、发挥党团组织在校园文化建设中的作用

1. 发挥党组织在校园文化建设中的作用

党和国家在高等学校实行的管理体制是党委领导下的校长负责制,党委对学校的工作实施全面领导。学校党组织在学校各项工作中具有领导核心作用。这一领导核心作用主要表现在:保证监督作用,即"保证监督党和国家的方针、政策在学校的贯彻执行";参与讨论和决定的作用,即参与讨论和决定学校的教学、科研、学科建设、发展规划、行政管理工作中

的重要事项等，实际上就是享有同行政部门一起决定的共同决策权；领导作用，即对党内包括下属党支部、党员更可以发挥直接领导的作用。同时，就教学、科研、学科建设、行政管理工作，"参与讨论和决定"，和系级行政班子一起发挥"共同领导"的作用。

党组织在校园文化建设中的领导核心作用表现在：

（1）党组织要在抓人才培养质量中发挥领导核心作用。在校园文化建设中，党组织首先应把工作的着力点放在高素质人才特别是创新性人才的培养上。首先，党组织应采取各项措施深化教育、教学改革，调动各方面的积极性，并通过改革转变教师的教学理念，营造出全校教职工积极进取，共谋学校发展的良好氛围，从而确保人才培养质量。其次，党组织要认真贯彻人才强国战略和党管人才的原则，树立科学发展观和科学人才观，坚持以人为本，紧紧围绕提高办学层次，创办一流学科的目标，创新人才培养工作机制，并形成整体合力，营造出高素质人才培养的良好环境。

（2）党组织要在抓高素质教师队伍建设中发挥领导核心作用。教师作为教育、教学的实施者，不仅需要更新知识，提高教育教学水平，更需要具备良好的职业道德，党组织在师德师风建设中要通过监管、考核、评比等形式形成一套有效的机制，作为师德师风建设的保证。首先，通过平时的教学评估、日常教学指导、规范的教学倡导，以及校、系两级领导及教师之间相互听课等制度，形成教师的制度化、规范化管理，强化教师对自己职业道德的培养。其次，通过"三育人"等评比工作，对在师德和教书育人中成绩突出的教师给予表扬和奖励，并把师德与教师的职务、职级评聘和人事分配有机地结合起来，把对师德师风的要求落实到对教师管理的目标导向中。构建和谐校园，人才是关键。高校党组织应率先树立"人才兴校，人才强校"的理念，大力引进紧缺专业骨干教师和学科带头人，并以"事业留人，感情留人和适当待遇留人"的方针稳定现有的骨干队伍，特别是对一些老的骨干教师，党组织应积极鼓励他们在学历上、科研能力上加以提高。最后党组织还要根据青年教师的特点,对青年教师不断加强培养,使他们在学业、学术、职业道德上更快地提高和成长。

(3)党组织要在抓大学生思想政治教育中发挥领导核心作用。为实现校园文化建设的目标,党组织必须使大学生树立科学的发展观和社会责任感,促进大学生全面和谐发展,为构造和谐校园增添新的力量,为营造良好的社会氛围提供深层次的理性支持。大学生思想政治教育要以理想信念为核心,强化大学生的理想信念教育,为大学生指明前进的方向,实现大学生在发展中的和谐。同时又要突出集体主义教育,培养大学生的团队精神,实现集体的团结和凝聚,为构建和谐校园打好基础。高校党组织要积极遵循大学生心理健康教育的规律,掌握大学生心理发展特点,特别对心理失衡的大学生要认真、积极地进行调试和心理干预,从而不断提高大学生的心理素质,为构建和谐校园创造良好的条件。要构建和谐校园必须构建大学生和谐的人际关系,而大学生之间人际关系是否和谐取决于以品行、道德为核心的大学生各个体层面是否达到一个较高的水平。因此,高校党组织要紧紧依托道德教育的力量,并从贯彻落实习近平新时代中国特色社会主义思想的战略高度,把立德树人贯穿学校教育全过程,不断提高大学生择善祛恶的能力,促进大学生自身的完善。

(4)党组织要在抓党员先进性长效机制建设中发挥领导核心作用。教师对于社会的进步和学生的成长成才起着至关重要的作用,而作为教师队伍中先进群体的党员教师是教育事业的骨干力量,是先进文化的重要推动者。在构建和谐校园中党组织要教育每一位党员爱岗敬业、奋发进取,努力在教学、科研、学科建设等各项工作中争先创优,创造一流的工作业绩。古人云:欲求木之长者,必固其本,欲求流之远者,必溯其源。要始终保持党员的先进性,既要靠党员的自觉行动又要形成制度长抓不懈。因此,党组织要认真探索,逐步形成建立共产党员"长期受教育,永葆先进性"的长效机制。并通过这些机制,进一步发挥基层党组织的战斗力和凝聚力,进一步体现党员在校园文化建设中的先进性。

（5）党组织要在校园文化建设规划中发挥领导核心作用。校园文化可以传播科学文化知识，可以营造健康向上、积极进取的和谐校园氛围，可以倡导大学生科学、文明、健康的生活方式。校园文化对和谐校园的形成具有不可替代的作用，发展和繁荣校园文化是和谐校园的重要特征。校园文化作为文化建设的一部分，是大学生学习、工作和生活和谐相融的重要组成部分，是大学生全面和谐发展的一个重要载体，这个载体蕴涵着潜移默化、润物无声的重要育人功能。因此，党组织要把学生的专业教育与文化教育在教学课程、教学计划等方面有机地融合起来，即培养大学生的科技内涵，又要培养他们的人文品质内涵，使大学生的整体人文鉴赏水平有一个大的提高，同时又要通过各种具有时代特征和学校特色的校园文化活动寓教于乐，促进大学生思想道德素质、科学文化素质协调发展，推进学校整体文明、和谐。坚持营造人与自然和谐的生态校园理念。要把健康校园创建纳入城市公共卫生建设，作为提高师生素质，创建文明和谐校园，塑造城市精神的主要宗旨之一。在高校的校舍建设、道路建设、人文景观、绿化景点等建设中体现以人为本、人与自然和谐。通过创建高校优美环境，达到陶冶学生情操、环境育人的目的。

2. 发挥团组织在校园文化建设中的作用

共青团是党的助手和后备军，是先进青年的群众组织，是广大青年在实践中学习共产主义的学校。共青团的奋斗目标任务是以共产主义精神教育青年，引导青年在社会主义现代化建设的实践中锻炼成为有理想、有道德、有文化、有纪律的共产主义事业接班人。团的性质和任务决定了团组织特别是学校团组织在校园文化建设中起着举足轻重的作用。

高校共青团组织必须把握先进文化的前进方向，坚持弘扬和培育民族精神，切实加强思想道德建设，大力发展教育和科学事业。高校共青团组织作为党的助手和对学生进行教育管理的重要职能部门，是校园文化的倡

导者、组织者、实施者之一,应发挥好以下几个作用:

(1)导向作用。高校团组织要引导学生紧跟时代脉搏,坚持正确的政治方向。不断创新文化活动的内容和形式,增强文化活动的吸引力和感召力,从而实现校园文化民族性与时代性的统一。

(2)教育作用。采取多种教育形式,促进大学生思想政治素质、道德素质的提高。思想政治素质是人的素质的灵魂,它渗透于人的其他素质之中,是人们从事社会政治活动所必需的内在的基本条件和基本品质,起着精神支柱的作用。没有良好的思想政治素质,大学生就会迷失方向、失去动力。高校共青团组织应采取多种教育形式,促进大学生思想政治素质、道德素质的提高。如通过成立各种理论学习小组,组织学生学习党的基本知识和党的路线方针政策,了解党的光辉历程,激发对党的崇敬和热爱,坚定他们的共产主义信念,增强对建设中国特色社会主义的决心和信心,帮助他们树立正确的政治方向、政治立场、政治观念、政治态度、政治信仰等。在活动中坚持社会主义道德原则,塑造学生以国家为重、以民族为重、以人民为重的高尚道德情怀,使学生树立正确的人生观、价值观、义利观及良好的公共道德意识和无私奉献精神。

(3)组织作用。科技文化活动是校园文化活动的重要内容,也是校园文化建设的重点,是学校校风学风的突出表现和有效载体。当前一些高校在校园文化建设中出现了只强调娱乐性而忽视了科技文化建设的现象。对此,共青团组织应进一步加强对校园科技文化重要性的认识,充分发挥对科技文化活动的组织作用,进一步组建科技实践基地,组织科技服务,健全大学生科技活动的评比奖励机制,积极开展跨专业、跨学科、多层次、多内容的社团活动和科技文化活动,努力完善学生的知识结构,激发学生科技创新的积极性。

(4)指导作用。学生会和学生社团是学生自我管理、自我教育、自我服务的有效载体,是学生提高思想觉悟、锻炼能力、陶冶情操、增进友谊、丰富校园生活、服务社会、培养团队精神的阵地。高校共青团组织必须加强对这些组织的指导。从活动内容、活动宗旨、活动范围等方面加以指导，促进学生活动健康有序地开展。要适时调整学生会和社团的结构，更新活动内容，提高活动层次。要引导学生成立以大学生科学技术协会为中心的社团群，大力扶持以高雅艺术活动为内容的文学社、艺术团、书法协会、外语协会等社团组织，使其向高层次、高品位发展。在指导学生会和学生社团开展大学生喜闻乐见的课外活动时，注意增加活动的科技含量和丰富的育人内涵。与此同时还要加强对学生干部的培养教育，帮助他们掌握更多的工作方法，提高工作能力。

（5）监督作用。良好的校园秩序是校园文化建设的重要方面，是培养"四有"新人不可忽视的内容。高校共青团组织在创建良好的校园文化中，应着重从纪律和道德两方面入手，培养学生的文明行为和文明习惯，建立校园秩序的监督机制，发挥学生会、学生自律委员会等学生组织的作用，制止和纠正不文明行为，提高学生的自律能力。

第二节　政工干部队伍是校园文化建设的骨干力量

政工干部是指，在校内主要面对学生，专司学校思想政治工作的各类干部人员，它包括校党政群等部门的相关工作人员、班主任、辅导员以及思想政治教育理论课教师。政工干部所从事的是教育人的工作，但它既不同于新闻工作者通过报纸、广播、电视等的宣传报道去教育人，也不同于作家和演员通过创作文艺作品和文艺表演去教育人。思想政治工作常常是一种面对面的说服教育，不仅要使人相信，而且要使人心悦诚服。它不能靠"权力"去压，也不能用"金钱"去诱惑，更不能用花言巧语去骗。学校政工干部必须使学生对自己产生信赖感，从而形成威信，并借助威信去做他们的思想工作。他们要以道德育人,既做"经师"又做"人师"。

一、政工干部队伍的作用和任务

高校政工干部队伍是教育改革发展的重要力量,是校园文化建设的骨干。政工干部的主要作用是育人,是通过思想政治工作提高学生的思想道德素质,调动教职工的工作积极性。思想政治工作内容宽泛,决定了高校政工干部的角色多重:高校的政工干部既是教育者又是管理者;既是道德知识的传播者,又是道德行为的示范者。作为教育者,他们要通过工作、教学课程等对学生进行教育,又要通过贯彻各项规定对学生进行管理;既要组织学生勤工助学、助学贷款、就业咨询等,同时又要进行思想政治理论研究。高校要实现人才培养的目标,使学生成为德智体美劳全面发展的人才,教师承担着"传道、授业、解惑"的职责,这一职责,很大一部分是由学生政工干部来完成的。同时,作为思政工作的具体实践者,政工干部是学校了解学生思想的桥梁和纽带,是学校经常性思想工作一支不可忽视的力量。他们可以起到延伸学校"视觉"和"神经"的作用。与学生直接交流、体察深层次的思想原因,对掌握学生思想情况具有预见性;与学生零距离接触,随时捕捉重要信息,掌握学生思想情况具有及时性。作为学生思想政治工作一线的组织者、教育者,政工干部开展政治思想教育和党团工作,使大学生了解党和国家的路线、方针、政策,清楚自己所肩负的历史责任,坚定为国家为民族为人类文明做贡献的崇高理想;政工干部组织和指导大学生开展丰富多彩的第二课堂活动,使大学生开阔视野、探求知识,潜移默化地陶冶情操,不断充实完善自我。

政工干部是学校思想政治工作的具体实践者,是学生思想政治工作一线的组织者、教育者,这一工作性质决定了他们应该是思想政治工作的专家,是真正意义上的人类灵魂的工程师。其职责是用科学的思想和人类千百年来积累的精神珍品和美德去塑造学生的心灵，在培养合格人才方面担负着重要的使命。这一使命具体说来有四个方面。

（1）教育。青年学生是未来的接班人，在大学期间，正处于专业知识形成和品德塑造的关键时期，这一时期基本决定了青年学生一生的道路走向。政工干部应该以先进的科学文化知识和优良的品德规范教育学生，使之掌握先进的文化知识，汇聚优秀的道德素养。

（2）管理。青年学生是一个思想敏锐、视野开阔、富有朝气和创造力的年轻群体，但由于其年龄、知识等方面的局限性，其许多行为往往带有浓厚的非理性色彩。政工干部应该在学生的政治思想、学习态度、道德品质、生活作风、组织纪律等方面通过正面引导，辅助以相应的行为规范和管理措施，使学生根据规范约束自己的行为，将教育与管理紧密结合起来，避免一味严格管理，导致学生产生逆反心理，达不到理想的管理效果。

（3）服务。服务于广大学生，具体体现在日常纪律考勤、勤工俭学、安全稳定、就业指导等工作中，同时也要为学校的教学、科研服务。学校思想政治工作是教育、管理、服务三位一体的工作，无论在内容上还是形式上都需要扎扎实实、脚踏实地地做深入细致的思想工作，办实事，解决实际问题，把深入细致的思想工作和解决学生所面临的各种实际问题结合起来，把思政工作落到实处。

（4）示范。政工干部是学术的思想导师，是道德行动的示范者，应以自己良好的思想品质和道德行为影响学生，把言教和身教结合起来，身教重于言教，为学生做表率。榜样的力量是无穷的，包括政工队伍在内的教育者应该成为学生的榜样。

二、政工干部队伍的建设

建设一支党性强、作风正、素质高、富有敬业精神的政工干部队伍，是高校党组织完成自身工作任务的重要保证。当前，由于种种原因，高校的一些现行政策，有意无意地挫伤了政工干部的积极性。例如学校制定的职称评聘、津贴和其他资源的分配政策，往往主要以教学科研业务上的成就为依据，忽视教职工在党建和思想政治工作中的贡献和表现，导致部分教师埋头业务，不愿意做党的工作，即使做，也很难有适度的投入。至于院系的专职政工干部比起教师和机关干部，在职务晋升、待遇以及外出考察、业务培训、学习进修的机会等方面又有相当大的差距，影响乃至挫伤了他们工作的积极性，以致出现了兼职政工干部无人愿意认真干，专职政工干部队伍人才紧缺，现有人员出路偏窄，缺乏活力的局面。为此应当采用一定措施，加强政工干部队伍建设。

1. 创造良好的思想政治工作环境

高校政工干部工作的优劣同学校党政领导人、全体师生员工对其工作理解程度、支持程度、共同努力程度是分不开的。因为学生中出现的问题不一定是学生政工干部的责任，学校行政管理混乱、教师上课不认真、后勤服务不周到、安全措施不得力等各种问题都会使政工工作出现不正常状况，不能不分青红皂白把责任全部推给政工干部。这就要求高校领导充分认识政工干部在高校教书育人、管理育人、服务育人工作中的重要作用，把他们摆到一个适当的、正确的位置上来。要在全校营造人人关心、人人理解、人人支持政工工作的氛围，形成全员育人的良好局面。

2. 建立科学的评价体系

当前，加强政工干部队伍建设需要建立一套客观、公正、全面的政工干部工作评价指标体系。大力倡导科学性、实效性的工作作风，杜绝形式主义，坚决克服工作中贪大求异，片面追求轰动效应、不能解决实际问题的现象，给踏实工作的人以公正的评价；在充分肯定他们工作成绩的同时，对其工作中出现的失误和不足之处，要以实事求是的态度具体问题具体分析，不能一味地指责批评。因为随着学生数量的剧增，学生政工干部每天面对的是成百上千的个性不同的学生,要处理几十件甚至上百件缓急不同的事务,其中难免会出现这样那样的问题,如果领导者对他们工作中的小的失误抓住不放,将会产生负面效应,不利于调动他们工作的积极性。

3. 妥善解决政工干部的实际问题

政工队伍主要由年轻教师组成,存在收入偏少,住房偏差,职别偏低,成就机会甚至获奖机会也少于专业教师等问题,并且在定职级、评职称、进修深造等诸多方面往往比专业教师滞后,常常成为被遗忘的角落,严重地影响了他们的积极性。各级领导必须采取切实可行的措施,帮助他们解决实际问题。在职称、评优、分配、住房等方面,实行合理倾斜政策;要鼓励一部分同志长期从事学生工作,对实绩突出的同志应给予相应的职级;对政工干部要大胆使用,加大培养力度,使这支队伍成为培养、输送干部的主渠道。对于教师兼任党支部书记、政治辅导员和班主任的,经组织考核合格,应当视业绩计算工作量,增加其津贴和奖酬金数量。在晋升职务职称、评先评优等方面,同等条件下要优先考虑专兼职政工干部。要为优秀的政工干部提供到国内外考察、学习、进修的机会,提高其综合素质。

4. 设立政工队伍自身建设专项经费

经费短缺是制约政工干部队伍建设的重要因素。应当建立高校政工组织经费划拨和筹措机制,在正常经费中列出政工干部队伍建设经费的比例,同时允许政工组织以适当方式募集经费。支持政工干部队伍建设,要承认政工干部的付出,对他们节假日、休息日的加班,非常时期不分昼夜地劳作,夜间的值班,应给予一定的报酬,对在一线工作的政工干部要给予适当津贴补助,以示对他们的付出的肯定,使他们在任职期间能恪尽职守,安心工作。政工干部参加培训、进修、调研考察、考核奖励等,是提高工作队伍素质的重要途径,也是稳定这支队伍的重要措施,应有专项经费予以保证。

5. 采取措施扩大政工干部队伍来源

要把党性观念强、业务水平高的教师充实到教研室主任和党支部书记的岗位上来，把热心学生工作、有学生工作能力的教师充实到辅导员队伍中来，把优秀的中青年教师吸收到党内来，为党的教育事业准备大批又红又专的管理骨干。同时又要保持一支数量适中、足以支撑工作运行的专职政工干部队伍，采用人事代理、在研究生中预留辅导员、鼓励机关干部转岗等方式扩大政工干部队伍来源，为党建工作提供组织保证。

6. 拓宽政工干部队伍的出路

要克服片面强调学历的偏向，把符合提拔条件的政工干部优先充实到学校的各级领导岗位上来；要建立学校内部机关与院系干部、政工干部与行政干部的交流制度，扩大校际之间的干部交流和学校与地方之间的干部交流；对于有较强专业特长愿意从事教学科研工作的，鼓励其承担一定的教学科研任务，允许其评聘相应的专业技术职务。

7. 加强学生政工干部自身的修养

学生政工干部要不断提高自身的政治素养、理论素养和文化素养。有计划地结合工作中的难点、热点进行深入的研究，通过研究探索提高管理工作水平，使自己能站在较高的层面上来解决大学生深层的思想问题。对工作中遇到的这样那样的困难与挫折，要胸怀开阔，有容天下难容之事的度量，不以物喜，不以己悲，多一点儿希望，少一点儿失望；多一点儿思考，少一点儿急躁；多一点儿贡献，少一点儿牢骚，要有为了学生，甘愿牺牲，情愿奉献的精神。有了这样的精神境界，就会以良好的心态投入到工作中去，任何困难都挡不住。

坚持党的领导是中国高等教育的一项基本制度，政工干部是党领导高等教育的一支重要力量，对高等教育事业的发展做出了重要贡献。在新的历史条件下，高等教育的改革、发展和稳定仍然离不开基层政工干部的不懈努力和无私奉献。高校专兼职政工干部的劳动必须得到承认，地位必须得到肯定，待遇必须得到保证。面对新的形势和任务，政工干部要不断提高自身的政治素质和业务素质，不仅要精通本职工作，更要做到知全局、懂教育，不断研究新情况、解决新问题，通过自身卓有成效的努力和探索，推动党建和思想政治工作，体现时代性，把握规律性，富有创造性，为党建和思想政治工作做出新的贡献。党的各级组织特别是高校党委要十分重视政工干部队伍建设，把这项工作纳入人才队伍建设的整体规划之中，在人事分配制度改革中，保持合理的编制，设定与其劳动和贡献相称的利益分配机制。要适应时代发展的需要，结合高校的特点，采取得力措施，把那些业务素质好、党性强、愿意从事政工工作的教师充实到政工干部队伍中来，逐步改善政工干部的结构，不断增强政工干部队伍的活力。

第三节 教师是校园文化建设的生力军

教师的教育价值观主导着学校文化发展的方向。教师是教育理念的载体，教师的教育观念最能影响教育效能，直接关系到校园文化的建设。教师的教学风格和教学方式决定着教学文化建设的方式和各项教学活动计划的实施方式，直接影响学生的学习方式，并直接影响到学生自我学习和自我管理的自主性，影响到学生心理环境和氛围，这些都在营造和塑造着特定的校园文化氛围。教师的知识价值观能有效规范校园文化建设的价值取向。教师对蕴藏于知识背后的道德内涵、美学价值的认识、理解和挖掘，都会激发学生的求知欲、道德感和美感，都会使他们从中获得价值意义，并由此规范着他们的价值取向。另外，在教师人格价值上，教师对学生进行有针对性的教育，形成具有自己学校特色的文化体系和价值观念是至关重要的。在比较、选择的过程中，教师的"传道、授业、解惑"活动，既引导、推动、规范着学生对思想观念的选择，同时又为学生的模仿和追求提供了最现实的楷模。教师的教风，会极大地影响着学校的学风和相应的治学风格。教师的敬业精神、民主平等意识、环境和资源意识、理论联系实际的工作作风、竞争意识和挑战精神等，都对青年学生起着现实的榜样作用。教师的人格素质与认知水平共同作用，一起提升学生的感受能力，促进学生的认知水平，培育学生的德性、审美以及精神。教师是传统校园文化的传承者和开创新文化的领路人，一所学校积累沉淀下来的精神文化是由师生共同传承延伸的，而高尚的教师文化和教师形象对于学生文化的形成和发展具有正向引导的作用。高等学校的校园精神主要是由教师体现出来的，并且通过师生之间的传承和选择而影响社会。教师在校园文化中除了与学生一起具有主体地位外，还起着主导作用。

一、教师的师德建设

在全面建设小康社会，推进现代化建设新的历史时期，高校承担着为国家、社会培养高素质、高水平人才的重任。教师担负着教书育人的神圣责任，教师不仅是知识的传播者、智慧的启迪者、人格的影响者，也是道德的实践者和示范者。教育者本身也是一种教育因素，是一种教育手段。在对学生思想品德的形成及一生的成长道路起重要影响作用的因素中，教师的教育作用居于首位。教师作为教育、教学的实施者，不仅需要更新知识，提高教育教学水平，更需要具备良好的职业道德。要让学生思想政治上强，教师首先得思想政治上强。新形势下加强高校的师德建设势在必行，这不仅对于提高高校广大教师的道德水平，建设一支德才兼备的教师队伍，培养社会主义事业的建设者和接班人具有重大的理论意义和现实意义，而且对于转变社会风气，提高整个社会的道德水平，加强社会主义精神文明建设，有着深远的历史意义。

针对师德建设存在的种种误区，探索和建立师德建设有效对策和机制变得非常必要。

1. 明确师德内涵，找准师德建设切入点

在确立高校教师职业道德规范和标准时，须从以下两个方面考虑。一方面，要充分考虑社会主义市场经济对高校教师及师德建设的要求。社会主义市场经济自由、自主、平等、开放、竞争等的特点，对高校教师队伍提出要求是：要能承担起社会赋予的培养具有创新精神、协作精神等综合素质的人才，以及推出能产生社会经济效益的科研成果来。如果不考虑这一点，制定的师德标准和行为规范就不能真正付诸实践。另一方面，还要充分考虑师德建设的践行主体——高校教师的现实需要。因为人作为社会的人，其行为最直接的动因就是需要。而高校教师正是具有较高文化层次和知识水平的人，他们当然也有着物质和精神方面的现实需要，诸如工资待遇、职称晋升、继续教育等方面的需求。那么作为规范其行为的道德规范，如果远离其现实需要，必然得不到响应。因此现存的一些看似高尚的师德标准之所以不能真正成为教师的道德行为规范，关键就是它要求太高，远离现实需要，一般人做不到。

2. 强化政策导向，营造良好氛围

首先，要制定和完善有关教育的法规。目前，我国已颁布实施了《教育法》《教师法》《高等教育法》等相关法律，为从宏观上用法律调整教师的行为奠定了基础。其次，要强化政治理论教育。高校担负着培养社会主义接班人的重任，这就决定了高校教师应该具有坚定的社会主义信念，过硬的思想作风修养和高尚的思想道德品质。

3. 加强制度建设，建立科学评价体系

师德评价体系是师德建设的导向机制，是师德建设很关键的环节。首先，要制定出切实可行的师德规范或师德标准。可以考虑从政治思想、敬业精神、教书育人、为人师表等方面着手制定规范或标准，尽量使师德基本要求具体化，增强师德建设的可操作性。其次，与师德标准或规范相适应，要建立一个科学合理的评价体系。这里的评价体系应包括正式规则和

非正式规则等。正式规则主要指根据教师的社会责任和职业责任而制定的奖惩制度，奖惩指标要客观、公正，使之与师德行为调控结合起来。非正式规则是根据教师职业良心而确定的规则，是一种形成正气必不可少的舆论监督氛围，对师德具有更直接的影响作用。这里也可称之为情感激励机制。

4. 注重道德内化，修养良好职业德行

师德内化是教师个体加强自身修养，不断完善自己、超越自己的实践过程，这是一个不断学习、不断反思、不断磨炼的过程，是一个从他律走向自律的过程。前面所述对策的确立，对教师个体而言，还只是一种外在于主体的客体力量。作为教师，仅从理论上学习职业道德，或作为一种强加的外在规范，还远远不够，师德得以落实，关键是道德内化，形成对道德本质的认同，并软化为自身的行为准则和价值目标。只有这样，我们才可以说师德建设的目标实现了。

二、教师队伍建设和管理

建设一支数量充足、结构合理、素质优良、相对稳定的教师队伍是高等学校努力追求的理想目标。师资队伍关系到高等学校的生存和发展以及核心竞争力的形成，各高校以人事分配制度改革为突破口，积极加强师资队伍建设，并已取得一些成效。但因体制、机制、制度建设的滞后，所取得的成果与预期的设想尚有很大差距，高校师资队伍建设任重而道远。

1. 完善教师管理的政策和法规

在高校教师管理中，政府发挥着重要作用，政府出台的政策和法规是高校对教师实施管理和使用的重要依据。政府对高校教师的管理是一种间接的管理。在目前形势下主要依据教育法、教师法、高等教育法和人事制度、分配制度等法律、政策和一些特殊政策，如"政府特殊津贴""长江学者计划"等对教师进行管理。尽管政府对高校教师的管理是一种间接管理，但却发挥着重要的导向作用。现在需主要解决的问题是：(1) 根据变化了的高等教育发展形势，修订相关法律中关于教师的相应条款，如高校教师的任职条件、权利、义务等。(2) 根据地方高等教育发展需求和特点，从政府角度制定高校人才管理政策，如引进和稳定人才政策，教师编制及岗位设置政策，教师待遇、聘任、解聘政策。(3) 规范高校人才市场，建立科学、有序的教师流动机制，限制高校之间的无序竞争，抑制人才的无序流动。

2. 建立科学、合理的用人机制

高等学校是教师的直接管理者和使用者，高校教师管理在于提高办学质量和办学效益，既要防止人浮于事，又要防止人才的积极性受到压制，影响办学质量和效益。目前需解决的问题是：(1) 依据学校定位和发展目标，制定教师队伍建设规划。要根据不同高校的不同定位，选用教师。研究型高校与教学型高校对教师智能结构的要求是不同的。(2) 根据学校的办学基础和条件，建立反映本校特色的用人机制。贯彻"因需设岗""位得其用""才尽其用"的原则，建立编制、岗位设置办法，建立教师选用、聘任、解聘制度，建立公平合理的分配制度，在机制和制度上保障高校教师队伍建设的可持续性。(3) 建立教师成长和人才合理流动的机制。鼓励人才脱颖而出，培养起带头作用的骨干队伍是高校教师队伍建设的一个目标。高等学校应选拔有一定学术基础和特长的人充实到骨干教师队伍中来，给教师在职培训、脱产进修创造条件，使青年教师尽快成熟，使骨干教师不断进步，使拔尖人才发挥带头作用。要建立有利于人才合理流动的机制，对于不能履行职责的教师，可下岗分流、转岗另聘或下岗不聘；对于在规定年限内不能晋级的教师，可采用"非升即走"的原则，以此规避平庸。

3. 创设有利于教师成长和发挥作用的环境

"政策留人，待遇留人，感情留人"是近年来高校稳定人才的对策。"拔尖人才留不住，平庸之才流不走"是许多高校头痛的问题。对于"平庸者"关键是政策问题,对"拔尖人才"关键是"环境"问题。高校教师因其掌握前沿理论知识、引领先进文化、具备先进技术而成为稀有的智力资源,在社会中享有较高的声望和地位,因而受到人们的普遍尊重。稳定人才应重点解决好以下问题:(1)处理好行政权力与学术自由的关系,创设学术自由的环境,尊重知识分子的学术选择和劳动成果;鼓励知识分子"民主参政",在学校建设和发展上多倾听他们的意见和建议。(2)创设文明、健康、向上的校园文化环境。当前,依然有很多知识分子不在乎物质上多么富有,关键是不能让其感觉到精神上的压抑和痛苦,因而在感情上要进行必要的投资。(3)加强硬件建设,特别是实验设施、图书资料、信息系统的建设,给教师的学术研究和教学工作创设良好的条件。

4. 建立科学的牵引机制

牵引机制是指通过学校对教师的期望和要求,使教师能够正确地选择自身的行为,最终学校能够将教师的努力和贡献纳入到帮助学校完成教育教学目标、提升学校教育教学水平的轨道上来。牵引机制的关键在于向教师清晰地表达学校和工作对教师的行为的绩效期望。现在高校的师资管理主要表现为"重管轻理",以管为主。科学的高校师资管理应该是"重理轻管",以理为主。高校应该理顺各种关系,为教师创造、提供一个适合工作的环境,让教师清楚地认识到我想做什么?我应该做什么?我如何去做?我得到了什么?这其中,学校起到的是引导教师工作的作用,而不是一味地管教师、发号施令。这样,教师得到了相对大的工作空间,有利于提高工作的主动性和积极性,从而达到教师的绩效最大化。

三、激发教师建设校园文化的举措

高校活动的核心是人,人是生产力诸要素中最积极、最活跃的因素。校园文化的主体是教师与学生,他们是校园文化的参与者与建设者,尤其是教师对校园文化的品位起着导向和直接的决定性作用。所以说，学校活力的源泉在于教师的积极性、智慧和创造力的发挥。教师的积极性和校园文化建设是相辅相成的，良好的校园文化能够激励教师的积极性，同时，教师积极投身于校园文化建设又会有利于校园文化的建设。只有将教师的利益和学校利益紧紧联系在一起，不断加强物质文化、制度文化和精神文化建设，教师的积极性才会得到发挥，校园文化建设才会真正得到创新与发展。教师参与校园文化的作用和积极性取决于学校的管理风格和对教师的激励作用。因此，激发教师建设校园文化应该有如下举措：

1. 打造富有创造性的精神竞争力

学校的校训或校风在很大程度上反映了学校的精神。精神竞争力从来就是综合竞争力中最富有创造力的核心竞争力。校园文化对教师不仅有一种"无形的精神约束力"，而且还有一种"无形的精神驱动力"，其目的就在于把学校的价值观念变成学校成员共同的价值观念，通过共有的价值观念进行内化控制，使教师以这种共有的价值观念和准则自我监督，调整自己的行为，以增强学校的凝聚力、向心力和能动力。

2. 营造和谐的校园环境

一是优化物质环境。物质环境是指校园文化的有机组成部分。具有一定文化色彩和教育意识的校园环境，能使学校各种物化的东西都体现学校的个性和精神，给人一种高尚的文化享受和催人发奋向上的感觉，起着无声胜有声的作用。二是建立良好的人际关系。良好的人际关系能使人在工作环境中有愉悦的心情，避免因压抑而产生不良后果。在校园文化建设中，可采取多层次、多渠道的社会性、知识性、学术性、娱乐性等活动来加强教师之间的沟通与理解，减少矛盾。三是加强文化环境。建立有利于激发创造力的文化氛围，鼓励创新、鼓励竞争，提倡协作，尊重个性，反对平庸，这样的文化氛围，就为人才构筑了科技创新的精神家园。

3. 构建以人为本的管理环境

管理应以人为本,把人的因素放在中心位置,尊重人,激发人的热情,尽可能满足不同人的合理需求。实施以人为本的管理关键是让教师参与决策。教师参与管理和决策,是集思广益的过程,是教师对决策认可的过程,也是上情下达、下情上明的有效沟通渠道。当教师的劳动与自身的物质利益紧密结合的时候,其积极性、智慧和创造力就能充分地发挥出来。

4. 建立激励、约束和竞争机制

建立健全激励、约束和竞争机制关系到学校活力的营造,是调动教师积极性的重要保证。在新形势下,一要坚持义利结合原则。把精神鼓励与物质奖励结合起来,把教师积极性的精神追求和合理的物质利益结合起来。二要坚持公平、公正、公开的原则。通过建立客观、科学、公正的评价体系,奖优罚劣,优胜劣汰,使每个教师的劳动与报酬相当,享受同等的竞争条件,并为教师提供施展才华的舞台,创造培训、提升机会,满足教师的成就感,促使教师将潜在的内驱力释放出来,为实现学校目标和个人目标而努力。

综上所述,营造、构建高品位的校园文化是调动教师积极性的关键所在,而教师的积极性和创造性劳动又是校园文化建设的重要条件。高校必须从实际出发,努力吸取中外文化的积极成分,创建一种富于时代特点、适应本校发展的校园文化,才能进一步激发高校教师的工作积极性,发挥其最大潜能。

第七章 高校校园文化建设管理的实现路径

第一节 大学校园文化建设的目标和原则

在现代社会,大学被誉为人类社会发展的"动力站"。知识的保存、传授、传播、应用和创新,文明的传承和进步,人才的发掘与培育,科学的发展与技术的更新,社会的文明与理智,不同文化间的交流与沟通,无不依赖大学作为基础。大学是社会主义精神文明建设的重要阵地,大学在某种程度上是社会思想和文化的中心。大学教育所传播和创造的文化科学知识,不仅能促进大学文化建设的进步,也能促进社会文化的改造和革新,因此,大学校园文化建设被提上了新的历史高度。

一、重要地位

高等教育如果不谈文化或对文化建设不予以充分重视,那么这所高校就不能获得长足的发展。实际上,第一流的大学,特别是历史悠久的大学,无不有意无意地培育一种文化生活。具体说来,大学校园文化建设的重要地位主要体现在以下几个方面:

首先,大学校园文化建设集中体现了中国先进文化的前进方向。高校校园文化是社会主义精神文明建设的重要组成部分。高校校园文化是社会文化的晴雨表和创新地，通过创造先进的文化成果以及高质量人才的输出来引导社会文化的发展。高校在文化传承过程中的地位也相当重要，由于拥有较强的教学科研实力，高校可以为先进文化的发展提供强大的条件支持和发展空间。新时期高校不断推进校园文化建设，也就是牢牢把握住了先进文化的发展趋势。

其次，建设先进的大学校园文化既是创建现代一流大学的客观要求，也是大学生全面发展的必然选择。现代大学所具有的学术性、教育性、开放性、综合性、自主性等多种属性均会体现在校园文化建设之中，反映在学校师生的学风和教风之中。如果没有先进的校园文化的营建，就不可能有现代一流大学的突起，大学就会失去引导其发展壮大的力量源泉。全球化、信息化和社会转型的国内外环境使学生面临的文化选择具有多样性，按照先进文化的要求，主动出击，正面引导，积极推进先进的校园文化建设，营造一种催人奋进、能够满足学生需求、反映学生特点的校园文化氛围，成为提升学生全面素质的必然选择。

最后，建设和谐的大学校园文化是建设和谐校园的基础。高校学生涉及千家万户，家长时刻牵挂，社会普遍关心，对社会的和谐稳定有着重要影响，所以，建设和谐校园是构建和谐社会的基础。建设和谐校园必须有与之相一致的和谐校园文化。建设和谐校园文化的目的是为了培养全面和谐发展的人才，在育人的过程中，和谐校园文化使德育、智育、美育、体育相互渗透、相互交织，呈现为一个相互和谐、统一完整的过程，对于大学生思想观念、价值取向和行为方式有着潜移默化的影响，具有重要的育人功能。和谐校园文化中所蕴含的尊重知识、尊重人才、尊重劳动的良好工作氛围及和谐人际关系，为建设和谐校园提供了强大的精神动力。

二、基本目标

大学校园文化应当追求什么目的，确定什么样的发展方向，这是校园文化建设带有根本性质的问题。因为校园文化建设追求的目标和发展的方向，直接反映的是高校办学的根本宗旨，即"为什么办""为谁办""怎么办"等重大的问题。方向不同，选择的途径和方式会不同，导致的结果也就必然不同。

人才培养是大学的根本任务和根本使命，大学校园文化的出发点和落脚点也都是为了育人，也就是说，培养德才兼备的社会主义事业的建设者和接班人，造就具有创新意识、创新精神和创新能力的创新人才是校园文化的根本目的。从这个意义上而言，校园文化创新就是为培养和造就高素质的创新人才营造良好的氛围和沃土，这无疑如同给树木生长供给空气、阳光、水分和养分一样，使树木在良好的环境条件下，成长为栋梁之材。

要通过校园文化创新，强化校园文化教化、熏陶、示范、规范、激励等育人的功能，打造人才脱颖而出的机制，形成校园出人才、出成果的良好环境和氛围。同时要把培养创新人才的成效作为检验和评价校园文化创新的重要尺度和标准，进一步促使校园文化形成以培养人才为中心和重心的创新机制，全面提高学校培养人才的质量和水平。

三、需要遵循的原则

大学校园文化建设的基本原则是由校园文化的发展方向和根本宗旨所决定的，也受自身发展规律的制约，是校园文化建设过程中在指导思想、根本宗旨、依靠力量、方式途径等方面必须坚持的基本法则和标准。大学校园文化建设必须遵循正确的原则。这既是沿着正确方向发展的基本要求，又是取得良好成效的有力保证。

（一）方向性原则

大学校园文化是社会主义文化的重要组成部分，具有鲜明的政治特点，大学校园文化建设要符合国家发展的主旋律，与教育改革的方向相适应。为此，校园文化必须坚持正确的政治方向，也只有这样，才能保证校园文化的先进性、优质性和高品格。这就是说，只有坚持以马克思主义先进理论为指导，才能保证校园文化建设的先进性，使校园文化创新沿着正确的方向发展，引领社会文化的发展，才能准确认识和正确把握校园文化创新的规律和方法，使校园文化在创新中发展，在发展中创新，不断开创新局面，取得新成果。

在坚持正确的指导思想的前提下，坚持"百花齐放，百家争鸣"的方针，积极借鉴和吸收人类一切文明成果和精神财富，克服和摒弃一切没落腐朽的东西，使校园文化既保持正确的发展方向，又健康活泼、充满活力。然而值得强调的是，我国处在社会主义初级阶段，经济成分和利益的多元性导致了文化的多元性，此外由于不同类型大学文化的价值取向、文化修养、知识结构、志向追求等方面的差异，促使校园文化呈现多样性。在这种情况下，我们不能在指导思想上有任何的动摇和偏差，必须坚定不移地坚持马克思主义指导思想在校园文化创新中的主导地位和指导作用，不断增强师生员工的社会主义理想信念，努力为中华民族的伟大复兴创造出更加辉煌灿烂的文化。

（二）主体性原则

高校师生是校园文化建设与创新的主体和依靠力量。没有他们积极性、主动性、创造性的发挥，就没有校园文化的生成、创新与发展。他们知识丰富、思想敏锐、勇于进取，要激发和调动他们参与校园文化建设的积极性、主动性和创造性，把校园文化推向新的发展水平。

激励和发挥师生员工的积极作用，就要重视他们在校园文化建设中的主体与主导作用，尊重他们的个性及其差异性，鼓励他们敢于冒尖、张扬个性，让他们在校园文化的舞台上尽情地展示才能。要尊重和肯定他们的首创精神，变消极因素为积极因素，变被动为主动，充分发挥他们的积极性、主动性和创造性。只有把师生员工主体性的作用发挥出来，才能真正体现校园文化建设的本质内涵，才能最终实现校园文化建设的根本目标，形成激情迸发、生机盎然的校园环境和氛围，创造出丰硕辉煌的文化成果。

(三) 传承与借鉴原则

我国著名科学家竺可桢曾指出："大学是社会之光，不应随波逐流。"这表明了大学不仅要继承中华民族的优秀传统文化，而且要不断探索和创新，积极学习借鉴世界各国先进的文化成果，创造富有时代精神的校园文化。

历史继承性是文化的固有属性，当然，这种历史继承性是有条件的，是对以往文化的扬弃。马克思曾说过："人们自己创造自己的历史，但是他们并不是随心所欲地创造，并不是在自己选定的条件下创造，而是在直接碰到的、既定的、从过去继承下来的条件下创造的。"传承文化是大学的基本功能，传承性是大学校园文化作为先进文化的基本品质。一切先进文化都不可能也不允许摒弃优秀的民族传统文化，否则，就会成为无源之水，就会失去根基。因此，丰富而全面的中华民族传统文化是大学校园文化建设的传统根基和文化土壤，大学校园文化建设要深深地根植于其中，充分利用、挖掘其优秀的价值资源，并给予大力继承和发扬。

大学校园文化是经过长期的历史积淀、凝聚、发展而形成的，并随着时代的变迁、社会的进步和学校的发展而得到不断地拓展、深化和丰富。大学校园文化是一个开放的系统，它的发展不仅要传承中华民族优秀的传统文化，还应对人类社会创造的一切优秀文明成果包括西方优秀的文明成果加以学习借鉴。

(四) 服务性原则

大学校园文化建设紧密围绕学校中心工作，服务学校发展大局。在现代教育发展中,校园文化的作用日益突出。它有利于增强学校的凝聚力、向心力,有利于整合学校内部各种力量和资源,有利于正确引导和处理好各种矛盾和冲突,对学校的发展和管理具有不可替代的积极意义。大学校园文化建设的重要目标就是努力使校园文化建设与学校改革发展进程和谐一致,实现共同的育人目标。

第二节 大学校园文化建设的机制构建

"机制"一词最早源于希腊文,原指机器的构造和动作原理。现在,通常情况下,它泛指一个工作系统的组织和部分之间相互作用的过程和方式。自1991年"机制"概念被引入大学校园文化研究领域以来,校园文化机制及其建构的研究取得了一定成果,但总体而言仍相对薄弱。大学校园文化建设是一项重大的系统工程,涉及内容庞杂,参与面广,要让这样一个复杂而庞大的系统高效健康地运转起来,就必须建立起科学合理的运行机制。只有这样,校园文化建设才能形成良性、可持续的发展态势,其引导和规范师生员工、促进学校发展等功能才能真正实现。一般而言,校园文化建设的机制应当包括科学的员工管理机制、高效的协调机制、有力的激励机制和完善的保障机制等。

一、管理机制

校园文化建设是一项全局性的工作。必须通过坚强的领导,有科学合理的管理机制,全员参与,共同努力,才能进一步开创校园文化建设的新局面。《教育部共青团中央关于加强和改进高等学校校园文化建设的意见》明确指出:"高等学校要从学校发展和人才培养的战略和全局高度,充分认识加强校园文化建设的重大意义,统筹规划校园文化建设。要成立学校党政主要领导任组长的校园文化建设领导小组,统一领导和指导本校校园文化建设。"

(一)加强领导,完善校园文化建设组织机制

一套高效的校园文化运行机制,必须以坚实有力的领导组织作为保证。为此,应当形成以学校党委统一领导、党政齐抓共管、各单位分工协作的组织领导机制。

具体来讲,首先,在学校党委的统一部署下,建立以学校党政主要领导为组长的校园文化建设领导小组,该小组由校、院党政主要领导和分管领导以及相关单位部门负责人组成,负责校园文化建设的顶层设计和全局研判,确定校园文化建设的总体目标、任务和要求,制订校园文化建设总体实施方案,并对校园文化建设的过程、进度和效果进行指导和监督。

其次,各院系要成立以院系党政主要领导为组长的院系校园文化建设领导小组,小组成员应包括院系党政主要人员、分管领导、班主任及学生干部等,负责校园文化建设的实施和开展。同时,各院系领导小组还须及时将校园文化建设的需求、进展和效果等向学校校园文化建设领导小组汇报和反馈。

再次,宣传、学工、工会等主要职能部门要充当校园文化建设的中坚力量。一方面,他们要根据校园文化建设的需要,科学组织和开展全校性的校园文化建设活动和项目,在全校的校园文化建设中起到标杆和示范性作用,引领校园文化建设和发展的方向;另一方面,他们要对各院系的校园文化建设工作进行宣传和指导,负责贯彻、督促、落实学校校园文化建设方案的实施。

最后,财务、基建、后勤、保卫等部门要充当校园文化建设的协助和补充力量,提供保障,确保校园文化建设各项工作的顺利开展。

通过设置科学合理的组织机制,加强对校园文化建设的领导,校园文

化建设就能够真正落到实处。需要特别指出的是，校园文化建设难以立竿见影，它是一个漫长的、持久的过程，对师生员工的影响也是潜移默化的，要防止急功近利、心态浮躁。学校党政领导，特别是党政一把手要高度重视校园文化建设，亲自参与校园文化建设的重大决策，主动调查了解校园文化建设的动态和热点，切实解决校园文化建设中遇到的困难和问题等，加大校园文化建设的力度，推动校园文化建设扎实有效进行。

（二）提高认识，优化全校师生员工参与机制

校园文化建设是一项系统工程，与学校各个方面的工作密切关联，事关学校每一位师生的切身利益。校园文化建设得好，学校会形成优良的学风、教风和校风，从而更有利于师生的学习、工作和生活，促进他们更好发展和成长成才。因此，校园文化建设不是单个或几个部门的事情，而是全校所有师生员工的事情，需要学校的每一位成员为之努力，需要大家共同参与，共同协作，共同营造健康优越的学习、工作和生活环境。

让全校师生员工都参与到校园文化建设中来。首先，在观念意识上要提高认识，让每一位师生员工都认识到校园文化建设的重要性，意识到自己的一言一行都与校园文化建设息息相关。特别是对于从事教学和研究工作的教师，要让他们明白校园文化建设不单单是学生的课外活动，更体现在自己的教学和研究的工作当中，体现在每一位教师由内而外流露出的气质和魅力中，体现在自己培养的学生品德和素质中。其次，在校园文化建设过程中，要创造环境、创造机会让师生员工有充分的条件参与进来。因此，在文化活动的设置上既要有适合绝大多数普通学生参与的活动，也要有适合有特长学生参与的活动；既要有轻松活泼的文体活动，也要有严谨专业的学术活动。让青春的活力在校园迸发，让创新的智慧在校园闪耀，给每位师生以施展才华、展示自我的舞台和机会。再次，学校要为师生员工参与校园文化建设提供政策保障，对积极投身校园文化建设的师生员工要给予支持和奖励，鼓励教师将自己的教学和研究工作与文化建设相结合，主动为学校的校园文化建设贡献力量。

重视第二课堂的建设，将师生建设和参与第二课堂的成效与其工作和学习的评价相结合，充分调动他们参与校园文化建设的积极性。

浓郁丰富的校园文化必定是全校师生员工共同努力、共同参与的结果，优良的校园文化也将更加有益于师生员工的学习和工作，二者是相辅相成、互促互进的。因此，全校师生员工要充分认识到自己在校园文化建设中应尽的责任，积极投身校园文化建设。

（三）统筹协调，不断提高管理的科学化水平

鉴于校园文化建设的长期性，必须将校园文化建设的总目标和总任务进行科学而详细的分解，将这些分解后的目标和任务分配到各级单位，明确各级职责范围，层层落实，并建立领导责任制和目标管理体制，形成可量化的考核指标体系，根据既定的考核指标，定期进行严格考核，从而促使将校园文化建设的目标和任务抓实抓好。当然，对建设目标和任务的分解分配必须是以充分的调研为基础的，要充分考虑到任务承接单位的具体情况，如可将校园艺术发展分配到艺术类院系，将校园景观建设分配到宣传、建筑、设计类单位。

学校要统筹校园文化建设的资源分配，即要根据既定的目标和任务，进行人力、财力、物力等相应资源的分配。需要指出的是，校园文化建设的资源并非分配到相应的建设单位就完成了，还应当建立起科学的资源管理制度，对资源的使用情况进行有效的监督和跟进，对未能合理利用的资源要坚决收回，对需要补充的资源要进行评估，对浪费资源的现象要批评惩罚，通过这些措施，避免资源的浪费，确保物尽其用，支撑校园文化建设工作的顺利开展。

校园文化建设有总体有局部、有重点有细节、有先行有后进，因此，对校园文化建设的各个部分、各项活动、各个项目要有相应的管理思路。总体来讲，对于全局性的、重大的校园文化建设项目，学校校园文化建设

领导小组要统一领导、统一部署，要加强质量控制，采取过程管理与目标管理相结合，强调每一个环节的权利和责任，确保建设的实效。如对校园环境、人文景观的规划和改造等。相反，对主要在基层单位开展的局部性的校园文化建设项目，应当尽可能地给实施单位以充分的自主权，使校园文化活动在全校呈现出争奇斗艳、百花齐放的兴盛局面。如各院系自行组织开展科技节、文化节、艺术节等文化活动。当然，对在基层单位组织和实施的校园文化建设工作，学校校园文化建设领导小组在提供资源支持、下放权力的同时，也要加强目标管理，对工作的效果进行监督评价，确保能够对全校的校园文化建设工作起到积极的推进作用。

二、协调机制

鉴于校园文化建设的复杂性，要处理好校园文化建设与社会文化发展，以及校园文化建设内部各方面的关系，必须加强校园文化建设内外各要素的协调，使校园文化建设与学校发展、社会发展和谐同步。

（一）校园文化建设与社会文化发展相协调

在校园文化与社会文化的关系上，我们要认识到，社会文化是主文化、大文化，校园文化是从属于社会文化的亚文化，二者既有联系又有区别。一方面，校园文化与社会文化明显不同。从范围上看，校园文化主要局限于学校内部，它是社会文化一个局部领域的文化形态，而社会文化是存在于各个领域的一般文化；从主客体上看，校园文化主要由学校师生员工创造，惠及对象也是校内师生员工，而社会文化的主客体则是社会民众；从内容上看，校园文化主要涉及学校教学、研究、管理等各方面，而社会文化内容则是社会生活本身，表现为各种各样的实践活动。另一方面，校园文化与社会文化又是相互渗透、相互制约的。校园文化虽是一个相对独立的文化系统，但它并不是封闭的，在其形成和发展过程中是动态的、开放的；社会文化则是校园文化系统的重要来源，对校园文化具有重要影响，它在一定程度上影响着学校的办学理念、办学思路。同时，校园文化对社会文化也有重要的辐射和促进作用，甚至从某种程度上讲，校园文化可以说是社会文化的晴雨表，它促进着社会文化的不断发展。校园文化对社会文化的作用主要是通过造就、熏陶人才的独特品格和精神风貌以及营造高等学校这个特殊群体共同形成的特有的文化氛围来实现的，并从根本上推动着社会文化的发展与进步。

可见，校园文化不能脱离社会文化的大背景谈建设，否则就成为无源之水、无本之木，它必须紧跟社会文化发展的潮流，与其相适应，时刻处于动态的变化和发展当中，以创新的精神和行动迈进。同时，基于校园文化与社会文化的差异，校园文化想要保持旺盛的生命力，就必须服务于学校教学育人的根本任务，立足于本校的实际，坚持自己的个性，形成特色。校园文化如果没有自己的特色，就会混同于社会文化，这将不利于校园文化长久持续的发展。

(二) 校园文化建设与学校整体发展相协调

高校发展涉及方方面面，包括教学、科研、科技服务、党建、校园文化、人才队伍、国际化、后勤服务等诸多内容，校园文化建设是其中一项工作。但校园文化建设又与高校的其他各项工作保持着密切联系，因此，必须将校园文化建设与学校其他工作协调起来，使校园文化建设的目标和任务与学校整体发展的目标和任务统一起来，共同进步，共同发展。

首先，应当将校园文化建设纳入学校事业发展的全局统筹考虑，在制订学校中长期和年度发展规划时，要充分考虑校园文化的权重，将校园文化建设摆到恰当的位置，并根据学校的总体规划和目标，为校园文化建设设定相应的目标和任务，使得校园文化建设与学校整体发展步调一致，协调统一。

其次，要在校园文化建设与教学、科研、社会服务等各项工作之间建立互通联动机制,使各方的人力资源、信息资源、硬件资源等能够互通互享,使校园文化建设在更广的范围,以更加多样的形式得以开展。如创造条件使专业教师积极参与学生社团活动,结合科研工作开展各类科技竞赛活动,结合社会服务开辟学生教育活动基地。通过建立这种协调机制,使学校的各条战线都能参与到校园文化建设工作中来。

最后,结合高校校园文化社会主义核心价值观教育的主题、任务和目标,加强融入机制建设,明确全校教职员工在思想育人工作方面的职责,将思想育人融入教育实践的全过程。注重将社会主义核心价值体系的构建渗透到教学、科研、工作和生活的各个方面,充分体现课堂育人、实践育人、环境育人、活动育人,使学生潜移默化地接受社会主义核心价值观教育,内化于心,外化于行。

三、激励机制

有效的激励机制能够调动人的积极性,激发人的创造力,而校园文化建设是一项需要全校师生员工共同参与的工作,因此,必须建立起强有力的激励机制,才能吸引广大师生员工投入校园文化建设。激励机制的构建要根据师生员工的心理活动规律,摸清他们真正的需求,同时,要使校园文化建设的目标与社会主义核心价值体系建设的目标相一致,最大限度地激发他们参与校园文化建设的动机。

(一)物质激励与精神激励相结合

物质激励,又可称为薪酬激励或绩效激励,它以奖金、实物、待遇等形式,对在校园文化建设中做出突出贡献的单位或个体给予一定的物质奖励,进而激发他们参与校园文化建设的积极性和创造性。如对积极参与校园文化活动的教师和学生给予加分奖励;对指导学生参加科技竞赛和社会实践并获得重大奖项的教师给予破格晋升职务和专业技术职称;对创造校园文化品牌活动的院系和学生团体,给予资金和物质支持等。通过物质激励,既为投身校园文化建设的单位和个体提供物质支持,又进一步激发他们继续努力向前迈进的热情。

精神激励的作用是巨大的,有时甚至比物质激励的效果更加明显,因此,校园文化建设中要注意运用精神激励,即通过表扬先进、颁发荣誉、树立标杆,包括颁发奖状、奖牌和授予各种光荣称号等方式,给参与校园文化建设的单位和个体以充分的肯定,使其充分感受自身的价值,从而激发他们的积极性和创造性。马斯洛在《动机与人格》一书中论述人的尊重需求时指出,社会上的人们都希望自己有稳定、牢固的地位,希望得到他人的高度评价和赞誉。运用精神激励,既要重视鼓励先进,建立榜样激励机制,也要关心后进,尊重人、爱护人、帮助人,从而在全校营造崇尚先进、你追我赶的良好氛围。

(二) 目标激励与竞争激励相结合

设置科学合理的目标是激励的重要方式之一,恰当的目标能够激发人的热情,并使人为之努力。在校园文化建设中,校园文化建设的内容应当是学校总体目标的组成部分。学校的总体目标是全校师生员工凝聚力的核心所在,指明了全校师生员工努力的方向,体现了师生员工的意愿和追求,能激发他们的强烈的责任感和使命感。而各单位和个人在设立各自的目标时,应当将学校的总体目标、单位的目标和个人的奋斗目标结合起来,保持总体方向的一致性,从而使每个人在完成个人目标的同时,又推动学校向总目标的迈进。

在向目标迈进的过程中,学校还应当将竞争机制引入到校园文化建设过程中。一方面,可以进一步增强师生员工的危机意识、自觉意识和竞争意识,从而激发他们的创新活力;另一方面,也可以在竞争中使优秀师生员工尤其是优秀的学生脱颖而出,在群体中树立榜样,从而产生强大的示范辐射力。在具体操作中,可开展类型多样的评优活动,这些活动也不应局限于校内,可与其他高校横向联合,如跨学校的知识竞赛、研讨活动等,从而进一步拓宽师生的视野,更有利于他们的成长和发展。需要注意的是,在校园文化建设中引入竞争激励应当是良性的和有益的竞争,在竞争的过程中,教师间、同学间、师生间是既竞争又合作的,大家在相互比较中共同努力,在见贤思齐中反思,互促互学,共同进步。为此,设置竞争激励就必须注意让竞争沿着正确的方向发展,保证竞争在公平的基础上进行。通过对竞争动因、过程和目标的引导,使大家在竞争中共同迈向成功的彼岸。

第三节 大学校园文化的创新发展

校园文化创新实质上就是通过文化的继承、扬弃、借鉴与整合,注入新的时代精神,创造出一种适应时代发展要求的先进文化,以进一步为高等教育的改革与发展提供强大的精神动力和深厚的文化支撑。只有创新,才能保证校园文化发展的生机和活力,才能进一步丰富校园文化活动的内容以及表现形式,才能进一步强化校园文化的功能和作用,提高校园文化的品位和层次。

一、大学校园文化创新的含义

校园文化创新是校园文化主体运用新思维、新方法,创造物质成果和精神财富,实现教育目标,促进高校发展以及社会进步的活动。例如,北京大学围绕"文明生活、健康成才"教育主题,发掘开学典礼、奖学金典礼和毕业典礼三项大规模典礼的育人资源,将呼应时代主题和传承大学精神相结合,有效促进了校园文化建设的创新发展。

现代高校面临的新形势和新任务对校园文化创新的要求越来越迫切,

校园文化也由原先作为高校教学科研工作的背景,一步步升华为高校教学科研育人的核心,成为高校综合实力的重要组成部分和突出标志,也成为高校深化改革、实现教育现代化的内在动力与根本出路。

高校发展,创新为先;高校改革,创新为本。其实高校改革与发展同校园文化创新是密不可分的。高校改革发展是校园文化创新的突出体现,因此,高校的改革与发展,必然要求对高校本身的文化传统进行变革与创新,也只有强化校园文化创新,才能真正地推动和实现高校改革与发展。

二、大学校园文化发展的未来趋势

大学是社会主义精神文明建设的重要阵地,大学校园文化随着社会文化的变迁以及自身规律的发展,不断地发展着。但无论外部环境和内部环境如何变化,大学校园文化创新都是一项永恒的工作。

(一)大力发展创新创业教育

当前,我国正加大力度发展创新创业教育,以满足建设创新型国家、增强我国竞争力、提高教育教学质量、缓解就业压力等需求。开展创业教育,不仅需要构建适合不同类型高校的创业模式,更重要的是在大学文化层面上形成创业理念、创业氛围,从而使创业的思想与大学的使命、大学的办学理念、大学的人才培养目标融合在一起。

1989年国际教育会议将专业教育、职业教育和创业教育称为21世纪教育的三张通行证。联合国教科文组织是这样定义创业教育的:"创业教育,从广义上来说是指培养具有开创性的个人,它对于拿薪水的人同样重要,因为用人机构或个人除了要求受雇者在事业上有所成就外,越来越重视受雇者的首创、冒险精神,创业和独立工作能力以及技术、社交、管理技能。"创业教育是使受教育者能够在社会经济、文化、政治领域内进行行为创新,开辟或拓展新的发展空间,并为他人和社会提供机遇的探索性教育活动。

2012年8月初，教育部印发了《普通本科学校创业教育教学基本要求（试行）》，对普通本科学校创业教育的教学目标、教学原则、教学内容、教学方法和教学组织做出明确规定。创业教育的教学目标是要使学生掌握创业的基础知识和基本理论，熟悉创业的基本流程和基本方法，了解创业的法律法规和相关政策，激发学生的创业意识，提高学生的社会责任感、创新精神和创业能力，促进学生创业就业和全面发展。

当前在我国大力实施创新驱动发展战略，推动大众创业、万众创新的大背景下，创新创业教育有了更加深入的发展。2015年5月，国务院办公厅印发《关于深化高等学校创新创业教育改革的实施意见》全面部署深化高校创新创业教育改革工作，对高校创新创业的任务及措施等做出了明确规定。由此，全国高校掀起了创新创业教育的大潮，从完善人才培养质量标准、健全创新创业教育课程体系，到强化创新创业实践、加强教师创新创业教育教学能力建设、改进学生创业指导服务等各个方面，各高校都出台了实施办法和细则。应当讲，这对于深入推进创新创业教育，对于建设创新型国家，实现"两个一百年"奋斗目标和中华民族伟大复兴的中国梦具有十分重大的意义。

校园文化建设与创新创业教育相辅相成。一方面，良好的校园文化有助于学生创新创业能力的提高，学校开展的各类科技创新活动、竞赛和创业论坛等，使更多的学生有机会参与到创新创业活动中去，使学校创新创业的氛围更加浓厚。良好的校园文化可以将创新创业教育的目标和内容外显化、物质化、行为化，落实在具体的、微观的教育教学的运作过程中，体现在教师和学生的行为中。另一方面，通过学校创新创业教育的开展，学生创新创业能力进一步提高，更有助于推动校园文化的建设和发展，如具有某方面创新创业能力的学生群体，能够催生和带动某些方面或领域的校园文化活动的开展，在校园文化建设中激发新的发展因子，进一步繁荣校园文化。因此，应加强创新创业教育，提高学生的创新能力、创业素质，形成创新创业意识和精神，为校园文化注入生机和活力。

（二）"互联网+"为校园文化建设注入新活力

2015年初，《政府工作报告》中首次提出"互联网+"战略，重在推动新一代信息技术与各行业进行深度融合，创造新的发展生态。应该说，网络的技术条件给教育提供了更加丰富的内容和形式，同时，通过教育者与受教育者的网络活动与交流，将教育理念融入网络环境中，影响和指导受教育者的主体性形成，能够以一种开放式、互动式的手段引导受教育者主体性的有效发挥。

当校园文化遇到"互联网+"时，就为校园文化建设开拓了一片更加广阔的天地。利用"互联网+"思维，有的高校打造出"互联网+"思想教育、"互联网+"文体活动、"互联网+"学生服务、"互联网+"社会实践等，易班、中国大学生在线等网络社区和平台使全国各高校的大学生聚合在一起，增进了大学生的交流和沟通。这些创造性的行为高度契合了"互联网+"的理念和思路，适应了时代发展的趋势，满足了广大师生员工的需求。

可见，互联网进一步扩大了校园文化的活动空间和覆盖面，使校园文化的科技含量大大提高。网络拓展了学生接受知识的范围和途径，使参与式、启发式教学真正成为可能，使终生学习成为普遍趋势。网络可以为使用者提供近乎无限的资源空间，借助网络能充分展示丰富多彩的校园文化，使抽象的东西具体化，增强校园文化的吸引力和感染力。同时，互联网丰富的信息和传播渠道，也为校园文化的建设提供了便捷，学校可以根据校园主导精神和网络特点，精心策划并开展丰富多彩的网上才艺表演、交流、讨论等活动。同时，利用网络开辟培养学生创新能力的空间，建立科学创意乐园，利用微博、微信等新型网络传播工具，传递具有知识性、趣味性的信息，激发学生的青春活力和才学，发挥学生的创新能力，不断优化艺术文化，进一步促进校园文化建设。

"互联网+"还为校园文化建设注入了新的活力，也进一步丰富了校园文化建设的内涵和外延。同时，作为校园文化的一项重要内容，网络文化的地位更加凸显，在这样的背景下，如何利用好、建设好网络阵地，开展好网络法制宣传、网络文明教育、大学网络道德教育等问题越来越引起人们的重视。健康、合理、高效的网络应用，能够对大学生思想教育、专业学习和文化引导发挥积极的重要影响；反之，如果学校不能很好地管理和引导学生用好网络，导致学生沉迷网络不能自拔、受到不良思想侵蚀甚至走上歧途，就会对学生造成极大的危害。

因此，"互联网+"对校园文化建设而言既是机遇，也是挑战，但前进的趋势和方向已定，高校必须张开怀抱，大胆拥抱互联网，在这片新的天地加快推进校园文化的发展。

（三）"文化+"对校园文化建设提出新要求

"文化+"是近年来兴起的一个新概念，从本质上讲，就是文化产业的跨界合作与融合。"文化+"是指文化更加自觉、主动地向经济社会各领域渗透，其核心是赋予事物活的文化内核、文化双性、文化精神、文化活力、文化形态和文化价值，为事物植入文化的基因。"文化+民族"，为民族注入凝聚力、向心力和内生力；"文化+社会"，使人类社会智慧能动、有机有序、不断进步；"文化+中国"，推动"中国制造"走向"中国创造"；"文化+城市"，使城市成为智慧的家园；"文化+产业"，搭建起产业攀缘上升的云梯，为老产业注入新的活力，催生新产业、新创意、新业态，促进文化产业发展繁荣……"文化+N"，拓展无限空间，注入无穷潜力，催生出无尽的创意创新创造。

可见，"文化+"把文化提到了前所未有的高度，将其作为一切事物可持续健康发展的根基；同时，文化是一种软实力，"+"什么，怎样"+"，实质上就是一种创新，从这个意义上讲，"文化+"更是一种新思维，是创新驱动发展的生动诠释。在实践中，全国各地都在进行着"文化+"的有益探索，如"文化+城市""文化+科技""文化+金融"等。这些探索以文化为引擎，不断提高各领域发展的层次和水平，形成了新的发展特色和亮点。

大学作为思想最活跃、最富有创造力的学术殿堂，是新思想、新知识和新文化的摇篮，以其独特的气质来引导人们超越时代和社会的局限，以科学长远的前瞻意识筹划未来，理应成为引领文化发展的一面旗帜。因此，大学校园文化应当有更加强烈的文化自信和文化自觉，对自身提出更高要求，不断提升建设的层次和水平，在"文化+"的发展中发挥更大作用。

一方面，从精神文化、制度文化、行为文化和物质文化等各个方面提出更高要求，对于低层次、杂乱无序的文化建设和活动要大胆取消，整合资源，打造校园文化精品，形成特色和优势，全面提升校园文化水平，以高雅的校园文化吸引和熏陶师生员工，使校园文化成为学校发展之魂，成为学校永不衰竭的力量源泉。只有校园文化的层次更加高端，内容更加丰富，才能得到师生员工的欢迎，才能真正发挥其引领作用，才能在"文化+"中发挥更大作用。另一方面，校园文化的建设要主动融入师生员工，要主动渗透到学校发展的各个方面，包括科学研究、课堂教学、产学研合作、社会实践、科技竞赛等，从而形成"文化+科学研究""文化+科技合作""文化+社会实践"等。提升校园文化建设的层次和水平，不是脱离实际的自我发展、自我陶醉，而是必须扎根于师生员工，结合他们的需求，结合学科建设、科技合作、课堂教学等工作实际，使各方面工作能够发挥文化的引擎作用。只有这样，校园文化的发展才有根基，才能保持旺盛的生命力。

第四节 高校校园文化实现路径

高校校园文化是我国社会主义文化建设中非常重要的组成部分，在推动社会主义先进文化健康发展、巩固全社会共同的思想基础、增强民族感召力和凝聚力、促进社会和谐等方面起着重要作用。推动高校校园文化的大发展大繁荣，从根本上离不开全体师生员工文化素质的整体提高，而这不可能单纯靠师生员工的道德自觉与自律来实现，学校有责任正确引导，营造良好的文化氛围，积极调动全体师生员工的能动性、创造性，为校园文化建设大发展大繁荣探索切实可行的实现路径。

一、高校校园文化建设大发展大繁荣的战略意义

关于文化问题的探讨与研究，多年来一直备受中外学者、专家高度关注且极具魅力。国际大背景的迅速变化，由经济、科技、军事等传统硬实力的竞争向文化、意识形态等软实力竞争的转化，让我们对文化问题重要性的认识越来越紧迫，越来越清晰。文化是一个民族在全球化进程中特有的标志、符号、识别码，是一个民族的集体记忆和精神家园。在现代社会，我们已经深刻地感受到文化已越来越成为一个国家综合国力的重要组成部分，文化的内涵越来越丰富，文化的重要性越来越突出，文化作为民族凝聚力与创造力的重要源泉表现得越来越强烈，文化越来越成为一国经济社会发展的重要支撑，中国特色社会主义文化越来越成为实现我国国家富强、民族振兴的重要力量。高校承载着传播知识、培养人才、科学研究、服务社会的重要功能，高校师生是中国特色社会主义事业建设中一支重要的主力军，高校校园文化建设关乎国家、社会、国民的前途与命运。当今世界与中国的急剧变化，国际上各种思潮的碰撞交锋，都在警示高校校园在文化建设中应始终保持清醒的头脑，增强创造既富有中华民族优良传统又具有鲜明时代特色、既立足于国情现实又展望未来发展、既立足于中国又面向世界的新文化，以高度的文化自觉、文化自信与文化自强，更加积极、主动地推动高校校园文化建设的大发展大繁荣，为增强我国文化软实力，弘扬中华民族优良文化、建设社会主义文化强国做出应有的贡献。

高校校园文化建设的大发展大繁荣为推动中国全方位崛起发挥着关键作用。大国崛起离不开文化思想的崛起。自改革开放到今天，我国在经济建设领域取得了举世瞩目的成就，这已成为一个不争的事实。而我国要想在日益激烈的国际竞争中立于不败之地，必须能够用两条腿走路，一条腿是物质硬实力，另一条腿则是文化软实力。物质硬实力不行，这个国家可能一推就倒；而如果文化软实力不行，这个国家可能不推自倒。因此我们要在经济崛起、经济奇迹发生的同时实现中华文化的伟大复兴。物质、经济的强大只能意味着这个国家的富有，而精神、文化的强大才意味着国家真正的强大。高校校园文化作为社会主义文化建设中的一个重要组成部分，应以开放的胸怀和视野兼容并包，积极吸收借鉴西方校园文化建设的合理因素和先进经验，为推动中国的全方位崛起承担起高校应有的使命。

二、高校校园文化建设大发展大繁荣的具体路径

（一）高校的领导者应具有高度的文化自觉

高校领导者应具有的文化自觉就是对校园文化的本质、规律和高校的文化职责有着感性和理性的综合认识，对本校校园文化建设有长远的规划与整体的部署。现在不少学校的发展目标是把本院校建设成为综合型、研究型、国际性的国内或国际一流高校，这种提法本是无可厚非的，也是非常必要的，但一定不能忘记，高校是需要个性的，只有高校有个性，高校培养出来的人才才会有个性。高校的个性不仅体现在专业设置、重点学科建设方面，更体现在校园文化上。我国的各大高校应该而且能够很好地结合本院校所在区域的地理环境、社会资源以及本地区社会经济发展需求定位本学校的发展方向与理念，从而显示自己的个性。我国某些高校缺乏个性，首先是学校的领导者缺乏高度的文化自觉造成的。

(二) 培育高校精神，提升高校内在精神含量

高校精神是高校的核心和灵魂，也是高校安身立命之所在。所谓高校精神，是指高校在长期的发展过程中，全体高校人将本校独特的办学理念、个性气质、精神风貌、道德水准和文化品位，经过长期的历史沉淀、选择、凝聚所形成的，并为学校全体师生员工所认同的一种理想信念、价值取向、行为准则和群体意识，是高校生存与发展的精神根基。

高校精神是校园文化中的重要组成部分。在我国，并不是每所高校都有自己的高校精神。事实已经证明，任何一所高校的高校精神的形成与认同都不是自发的，也绝不可能短时间内一蹴而就，它需要伴随高校的建设发展过程，将本学校的办学理念、精神风貌、个性气质等经过长期的历史沉淀与文化传承，最终才能成为师生员工的精神品质与价值取向，并以此作为自己的行为准则。校园文化是高校精神的重要载体，也是高校精神的集中体现，因此高校精神的培育应贯穿在校园文化建设中。实践证明，高校精神一旦形成，就会浸透于各种各样的文化形式和活动载体，内化为全校师生员工的一种坚定而强大的精神力量，并以其特有的导向、凝聚、鼓舞、塑造等功能，在高校校园文化建设中发挥重要作用。

(三) 丰富校园文化活动，增强高校内在凝聚力

校园文化活动是校园文化的载体，其组织形式、活动内容、精神风貌、文化内涵等直接影响着校园文化的建设与发展。文化是无时不有、无处不在的，校园文化也不例外，它是由学校所有师生员工的个人行为举止及相互交往体现出来的。因此校园文化的建设不能只是为了取悦某些领导，不能只使少数上层人员感到满意，必须以有利于学校所有人员的自由而全面的发展为出发点，让每个人都感觉到自己是这个大家庭中不可或缺的一分子，人人关注学校的发展，自觉地参与到学校的建设中来，人人有意识地培养校荣我荣、校耻我耻、我荣校荣、我耻校耻的观念。高校要切实加强对校园文化活动的领导，总体规划和部署，并号召人人参与、全员共建以

形成合力。可以通过一系列的激励、保障机制的建立与落实，进行正确的价值引导，从而吸引越来越多的师生员工自觉地、愉快地加入到学校校园文化建设活动中来。通过开展一系列积极健康、活泼新颖、丰富多彩的校园活动，如学科竞赛、科技制作、知识竞赛、演讲比赛、拔河比赛、艺术节、运动会等活动，增强师生员工对学校的认同感、归属感、荣誉感和自豪感。特别要注重发挥学生社团的作用，把社团作为创新校园文化活动的重要力量。学生社团将有着共同兴趣与爱好的年轻人聚集到一起，既有利于个人兴趣特长与潜质的发挥，又有利于高校生的自我约束和自我教育。在各种各样的社团活动中，高校生通过对国家政策方针的学习，社会热点的剖析，理想与信念、人生与社会等问题的探讨，逐步取得一致的正确认知，不断增强其作为社会公民的时代责任感与历史使命感，高校生的能动性与创造性也得到了充分的发挥。学校有关部门应相互协调、积极配合，从资金、活动场所、办公设施等方面提供全方位的支持，大力支持学生社团开展富有特色、健康有益的文化活动。

参 考 文 献

[1] 高凯. 高校图书馆管理工作与校园文化建设研究 [J]. 时代报告（奔流），2022（07）：110-112.

[2] 康乐. 高校校园文化活动品牌化的建设与管理策略探究 [J]. 才智，2022（20）：50-52.

[3] 唐雁. 新时代高校校园文化建设策略研究 [J]. 渤海大学学报（哲学社会科学版），2022，44（03）：102-105.

[4] 王悦. 高校大学生社团管理的创新模式研究 [J]. 科学咨询（教育科研），2022（03）：48-50.

[5] 成小芬. 高校档案文化建设助力人才培养研究——以南通科技职业学院为例 [J]. 南通职业大学学报，2021，35（04）：25-28.

[6] 王发强. 互联网环境下高校校园文化建设管理研究 [J]. 文化产业，2021（34）：118-120.

[7] 宋俊. 高校校园文化建设及管理服务水平提升路径研究 [J]. 文化学刊，2021（06）：170-172.

[8] 包筱玲. 基于"文化管理"视角实施高校校园文化建设 [J]. 湖北开放职业学院学报，2021，34（01）：38-40.

[9] 薛颖. 三全育人视角下民族文化教育策略研究——以艺术设计人才

培养为例 [J]. 才智，2020（30）：31-32.

[10] 武瑞思. 高校学生干部队伍管理创新模式研究 [J]. 时代报告，2020（08）：158-159.

[11] 米丹. 档案管理现代化视域下高校档案管理应用于校园文化建设的实践 [J]. 国际公关，2020（08）：182-183.

[12] 徐庆和，朱志伟，高晶晶. 社会主义核心价值观融入高校校园文化建设研究 [J]. 时代报告，2020（06）：130-131.

[13] 苏菲. 基于柔性管理将社会主义核心价值观融入高校校园文化建设的路径分析 [J]. 新西部，2020（08）：131+59.

[14] 邓惠. 高校校园传统体育文化建设与学生管理的研究 [J]. 运动精品，2020，39（01）：11-12.

[15] 李静. 高校校园网络文化建设管理研究 [J]. 现代职业教育，2019（28）：90-91.

[16] 张丹. 新形势下高校网络文化建设管理机制研究 [J]. 智库时代，2019（39）：58-59.

[17] 黄文汇，罗先奎，罗丹. 新时代背景下高校校园文化建设与校园安全管理研究初探 [J]. 青年与社会，2019（27）：286-287.

[18] 钟小凤. 高校校园文化建设与管理现状及对策分析——以江西科技师范大学为例 [J]. 区域治理，2019（29）：165-167.

[19] 王爱华，刘晓萌. 对校园文化建设中高校档案管理的探讨 [J]. 科技风，2019（20）：260-261.

[20] 黄连. 基于创新高校学生管理工作的校园文化建设分析 [J]. 今日财富，2019（09）：183-184.

[21] 王玲. 基于项目管理的高校校园文化建设研究 [D]. 武汉工程大学，2017.

[22] 熊惠思. 以社会主义核心价值观引领高校校园文化建设 [D]. 江西农

业大学，2015.

[23] 杨志宝. 社会主义核心价值观引领高校校园文化建设研究 [D]. 福建农林大学，2014.

[24] 陈希. 科学发展观指导下的高校校园文化建设 [D]. 北京邮电大学，2014.

[25] 柯少君. 福建省属重点高校校园文化建设比较分析 [D]. 福建农林大学，2013.